Jorge Duany **La nación en vaivén:**
identidad, migración y cultura popular en Puerto Rico

San Juan, 2009

Ediciones Callejón

© Jorge Duany
Reservados todos los derechos
de esta edición para:
© 2009 Ediciones Callejón, Inc.
Ave. Las Palmas 1108
Pda. 18 P.O. Box 9024
San Juan, Puerto Rico
00908-0024

Tel 787-723-0088 Fax 787-723-5850
edicionescallejon@yahoo.com

Diseño colección:
SAMUEL ROSARIO

Portada: Ita Venegas Pérez

ISBN 10: 1-881748-69-3
ISBN 13: 978-1-881748-69-4

Library of Congress Control Numbrer: 2009936753

Colección En fuga–Ensayos

Datos para catalogación:

    Duany, Jorge

La nación en vaivén: identidad, migración
y cultura popular en Puerto Rico

    Ensayos
    Ediciones Callejón. 2009. Primera edición.

1. Caribe
2. Cultura caribeña
3. Puerto Rico
4. Exilio
5. Cuba
6. República Dominicana

Ninguna parte de este libro,
incluido el diseño de la portada,
puede ser reproducida sin permiso
previo del editor.

Índice

Agradecimientos	9
Presentación	13
La identidad nacional	**19**
La mancha de plátano	21
Orígenes	24
Fronteras	27
Sacar la bandera	30
El nacionalismo deportivo banal	32
Missiología	35
Naciones sin Estado	38
Nombres boricuas	40
El censo, la raza y los puertorriqueños	43
Paradojas raciales de los puertorriqueños	47
Identidad nacional y religiosidad popular	49
El síndrome puertorriqueño	52
Hablar raro	55
Cuestión de idioma	58
Analfabetos bilingües	60
La nación taína	63
Cubarriqueño	66
Nacionalidad contra ciudadanía	69
Un mime en la leche	72

ÍNDICE

La migración transnacional 75
  La nación en vaivén 77
  Manos que sobran 80
  Los tomateros 83
  La nación en la diáspora 86
  Los *florirricans* 88
  La "puertorriqueñización" de la Florida 90
  Los "radicales" boricuas de Chicago 95
  Los de afuera 97
  Migradólares 100
  ¿Puertorriqueños, hispanos o latinos? 103
  Latinos. 108
  La latinización de Estados Unidos 111
  Apellidos hispanos 113
  ¿Los "judíos" del Caribe? 116
  Más allá de las balsas 118
  Volver a La Habana 120
  "Buscando mejor vida": la diáspora dominicana
    en Puerto Rico 122
  La "guetización" de San Juan 124
  En auge las empresas dominicanas. 129
  Un día sin dominicanos 135
  La seriedad del humor étnico en Puerto Rico 138
  ¿Es usted ciudadano americano? 145
  ¿Una nación sin inmigrantes? 147
  Mejor construir puentes que muros 153
  Elvira Arellano 157
  Anglos versus hispanos 160
  Un inmigrante romántico 163

La cultura popular 167
  Instrucciones para montarse en un elevador. 169
  Pegatinas. 172
  Celularitis 174
  "¿Queslaque, loko?" 177

ÍNDICE

Las Navidades más largas del mundo	180
Santacló contra los Reyes	182
Me subió la bilirrubina	184
Ritos de pasaje	186
¿De dónde viene la salsa?	189
Salsa, cocolos y *rockeros*	191
"Lo tengo dominao": el *boom* de las merengueras en Puerto Rico	195
Cómo "leer" el reggaetón	202
El occiso estaba muerto	205
Nosotros los jinchos	207
Jabao	210
¿Por qué tantos convertidos al protestantismo?	213
Los pecados de la globalización	216
Matrimonio celestial	219
Los calvos, una minoría oprimida	222
Simplicidad involuntaria	225
Por qué a los hombres no les gusta ir de compras (especialmente con las mujeres)	228
Por qué los hombres no lloran (especialmente en las barberías)	231
Piropos	235
Madre	239
Fuentes originales de los textos incluidos en este libro	243
Índice temático y onomástico	246

Agradecimientos

Para empezar, quisiera recordar a Carlos Castañeda (QEPD), primer Director de *El Nuevo Día*, quien publicó mi primer artículo periodístico en la *Revista Domingo*. También quisiera reconocer a Luis Alberto Ferré Rangel, actual Director de *El Nuevo Día*, por haberme invitado a colaborar con una columna mensual de opinión desde febrero de 2003. La mayoría de los textos recopilados para este libro se publicó originalmente en ese diario. A Carmen Dolores Hernández, la crítica literaria de *El Nuevo Día*, le agradezco que me invitara a publicar varias reseñas y artículos en el suplemento cultural del periódico. Los editores de la sección "Voces", María Judith Luciano y Francisco Vacas González, recibieron y revisaron mis colaboraciones durante varios años.

Algunos de los textos aquí recogidos aparecieron en la revista mensual de la Universidad de Puerto Rico, *Diálogo*. Agradezco a sus sucesivos directores —Luis Fernando Coss, Mariely Rivera y Silvia Álvarez Curbelo— que me abrieran las páginas de ese importante órgano de difusión académica. También quisiera reconocer la acogida que me brindaron Armindo Núñez, Eugenio García Cuevas y Odalys Rivera Montalvo, desde sus posiciones editoriales en *Diálogo*.

Varios ensayos fueron encomendados por mi amiga y colega Grace Dávila, cuando editaba la revista *Nuestra Gente*. Recuerdo el entusiasmo, la chispa y la inventiva de Grace cuando retocaba mis artículos para su eventual publicación. Por su parte, Cándida Cotto tuvo la amabilidad de incluir dos textos míos en el semanario *Claridad*. A Carmen Rivera Izcoa, fundadora de Ediciones Huracán, le agradezco que me estimulara a reunir mis artículos periodísticos en forma de libro. Aunque me demoré algún tiempo en hacerlo, su invitación fue un aliciente importante para esta colección. A Elizardo Martínez, de Ediciones Callejón, le agradezco que se interesara en publicar este proyecto, aun en medio de la crisis económica que ha estancado la edición de libros en el país. Igualmente, reconozco el meticuloso trabajo tipográfico de Marcos Pastrana.

Uno de los mayores placeres de publicar en la prensa escrita es mantener un diálogo continuo con familiares y amigos, así como un público amplio y diverso. Entre los lectores más astutos y consecuentes de mis columnas se encuentran mi tía Consuelo Duany, mi primo Raúl Portuondo Duany, mi esposa Diana Johnson y mi hija Patricia. Mi hijo, Jorge Andrés, ha tenido que soportar ser mencionado en mis escritos desde muy niño. Mi prima Betty Duany (alias María Elena Fernández) ha comentado lúcidamente muchas de mis columnas. Mis hermanos —en el orden cronológico acostumbrado, Rafael, Lourdes, Luis, Raúl y María Caridad— han leído y a veces sufrido mis columnas, especialmente las que tocan asuntos familiares. Sé que no es fácil que a veces escriba sobre ellos, pero espero no haber cometido ninguna indiscreción. A todos les agradezco su apoyo y cariño incondicional.

Mi amiga de toda la vida, Nilda Navarro, se burla de mí diciendo que me la paso "contando dominicanos" (y otros migrantes). Pero sé que todos los meses ella lee mi columna con aprecio. Otros amigos entrañables, como Raquel Dulzaides, Brunilda (Wiwa) Santos de Álvarez, Ignacio (Nacho) Álvarez y mi comadre Heidi Defilló Vidal, han mostrado constante interés en mis escritos. Entre las amistades de mis años colegiales, mis compadres Jeffrey Colón y Roberto Lewis-Fernández, así como Damián J. Fernández, Hans Rutzen y Gisela López han respondido solidariamente. De mi época de estudios graduados en Berkeley, Myrna García Calderón, Marian Z. Sugano, Juan Carlos Fernández, Rafael Alonso, Victoria Párraga y María Teresa De la Torre han seguido mis publicaciones periódicas desde la distancia.

Mi colega Nancy Morris ha sido una de mis comentaristas más consistentes. Sus mensajes electrónicos desde Filadelfia han sido una fuente de apoyo moral y afinidad intelectual. Desde Orlando, Vilma Quintana también me ha enviado respuestas acertadas a mis columnas. En Indiana, Yeidy Rivero reseñó mis ensayos para los medios de comunicación durante una charla con estudiantes. Me sorprendió cuán incisivamente había leído mis trabajos y cómo interpretó sus temas recurrentes. También me gustó que me presentaran como "estudioso y periodista" en Albion College, Michigan, adonde me invitó Diana Ariza.

Acá en Puerto Rico, el buen amigo Polibio Torres se las arregla para leer todas mis columnas e intercalarlas en nuestras conversaciones. Otro amigo de la familia, Emil González, también ha sido un lector asiduo de mis artículos periodísticos. Me alegra que mis vecinas Lillian Pérez Marchand, Mercedes Escudero, Ángel Arcelay, Silvia Rivera y Virginia Mari reaccionen rápidamente a mis planteamientos en la prensa. Por su parte, algunos de mis antiguos alumnos de la Universidad de Puerto Rico y del Centro de Estudios Avanzados de Puerto Rico y el Caribe me han animado a seguir escribiendo mis columnas. Entre ellos se encuentran Ivette Barrios, Juan Caraballo, Nashma Carrera, Tania Cesari, Sherry Cuadrado, Ligia Domenech, José R. Gómez Blanco, Myrna Herrera, Yeris Mayol, Indira Molina, Carla Morales, Doralis Pérez Soto, Anabellie Rivera, Kalia Toro y Coral Zayas.

Agradezco, finalmente, a numerosos colegas y amigos que me han alentado a publicar en el periódico con sus comentarios y observaciones. Entre éstos recuerdo a Ivonne Acosta, Luis Agraít, Antonio Aja, Uva de Aragón, Jossianna Arroyo, Ruth Behar, Carmen Centeno, José A. Cobas, Javier Colón Morera, Gilbert Dávila, Andrzej Dembicz, Haroldo Dilla,

Himilce Esteve, Armando Fernández Soriano, Luis Ferrao, Javier Figueroa, Luis Figueroa, Sonia Fritz, Roberto Gándara, Jorge Giovannetti, Samiri Hernández, Luisa Hernández Angueira, Edwin Irizarry Mora, Amalia Lluch, Héctor López Sierra, Luis Martínez Fernández, Yolanda Martínez-San Miguel, Félix V. Matos Rodríguez, Emilio Pantojas, Silvia Pedraza, Carmen Ramos Escandón, Rossana Reguillo, César A. Rey, Ángel Israel Rivera, Carmen Haydée Rivera, Raquel Z. Rivera, Efrén Rivera Ramos, Eliana Rivero, Mario Roche, Raquel Romberg, Ivette Romero-Cesáreo, Mayra Rosario, Helen I. Safa, Aimée Sanmartín, Lucía Suárez, Jalil Sued Badillo, Alfredo Torres, Lizandra Torres, Manuel Valdés Pizzini y Ana Celia Zentella.

Quizás el mayor halago que he recibido sobre mis artículos para la prensa fue el de Eileen Findlay, quien me caracterizó como un "intelectual público". No sé si el sombrero me quede demasiado grande, pero aprecio su generosidad.

Le dedico este libro a mi tía Consuelo, quien con su inteligencia, sensibilidad y curiosidad ha acompañado la gestión de casi todos los ensayos que aquí se incluyen.

Presentación

En 1984, publiqué mi primer artículo periodístico, titulado "Salsa, cocolos y *rockeros*" (incluido en esta colección). Desde entonces, quedé fascinado con la posibilidad de llegar a un público más amplio que con mis investigaciones académicas o mis labores docentes. Muchas de mis columnas periodísticas giran en torno a los mismos temas que mis artículos para revistas profesionales y mis conferencias en el salón de clases. Pero los escritos en la prensa tienen un impacto mucho más inmediato y una divulgación mayor, así como enfrentan el peligro de caer en el olvido rápidamente en el archivo de las noticias diarias. Por eso resulta difícil resistir la tentación de reunirlos en un libro, para darles una forma más duradera y organizar las ideas más sistemáticamente.

Para mí, el llamado periodismo cultural o de opinión ha sido sumamente gratificante, sobre todo al poder establecer un intercambio abierto con los lectores. Aunque no siempre estamos de acuerdo, generalmente aprendemos algo los unos de los otros. En múltiples ocasiones, me han abordado personalmente, por teléfono o por correo electrónico para hacerme correcciones y enmiendas a mis columnas. Por ejemplo, una compañera de estudios de mi hija me exigió que mencionara a su ídolo Cheyenne entre los cantantes latinos más importantes de los últimos tiempos. Una colega me indicó que el Santa Claus original se basaba en un personaje histórico de

Bari, Italia, no de Turquía. Otro profesor universitario me recriminó (injustamente, a mi juicio) por recurrir al posmodernismo para justificar la condición colonial de Puerto Rico. Un sociólogo posmodernista me acusó de "nacionalista ecuménico" por insistir en la identidad nacional de los puertorriqueños. (Todavía no he descifrado completamente lo de "ecuménico".) Una mujer policía se ofendió porque me burlé de la enrevesada jerga de su noble profesión. Un desconocido me cuestionó en una librería si yo no creía que el español era el idioma nacional de la Isla. Un antiguo compañero de escuela secundaria negó categóricamente que yo fuera "cubarriqueño", sino puertorriqueño de origen cubano.

Otros lectores han sido más benévolos y receptivos a mis planteamientos. Una funcionaria administrativa de la Universidad me pidió que le enviara mi columna sobre los "jinchos" para reenviársela a sus amistades con poca melanina en la piel. Algunos me han asegurado que compraron un libro que reseñé en el periódico. Una estudiante posgraduada ha incorporado mis ensayos a su tesis doctoral sobre los dominicanos en Puerto Rico. Un colega apreciado escribió una carta al periódico felicitándome por mi comentario sobre las relaciones entre el Caribe y Brasil. Otra colega de Nueva York me dijo que usaba mis columnas periodísticas como modelo para las suyas. Respondiendo a mi columna sobre la "simplicidad voluntaria", una destacada artista plástica me propuso opacar toda fuente de luz incandescente y sólo encender bombillas de colores durante la época navideña. Varios artículos han sido reproducidos en periódicos, revistas y páginas electrónicas en Puerto Rico y el exterior. Mi ensayo sobre "la nación taína" incluso apareció en una revista polaca.

Muchos amigos me confesaron que se habían emocionado con el artículo que escribí sobre mi madre. Otros me llamaron cuando se enteraron por el periódico que me había enfermado y había estado hospitalizado. Algunos allegados me dicen que a veces se ríen con mis ocurrencias. Otros, a quienes no veo hace tiempo, me cuentan que me leen todo el tiempo y así se mantienen al tanto de mis embelecos. Mi tía Consuelo me escribe que mis artículos la distraen, le enseñan y le "menean las neuronas".

Supongo que las críticas y los halagos forman parte de la recepción pública de todo escritor, periodístico o no. Sólo es que en el periodismo cultural, la interacción entre autor y lector es mucho más directa y recíproca que en otras formas de escritura, como la literatura de ficción y la investigación académica. Además, los artículos periodísticos tienden a ser mucho más concisos (en mi caso, suelen ser de alrededor de 620 palabras, para cumplir con los requisitos del diario); estar redactados en un lenguaje más accesible y referirse frecuentemente a sucesos corrientes. Por eso he tenido que fechar muchos eventos a los que aludo en mis columnas, que quizás los lectores de este libro ya no recordarán. En los últimos años, he aprendido a revisar constantemente mis textos, reducir el número de palabras, evitar términos técnicos o raros, buscar la manera de atraer la atención del público general y pensar en el tema de la próxima columna un mes antes de escribirla. Uno de los mayores placeres de redactar estos textos ha sido que me los publiquen íntegramente, sin mayores modificaciones editoriales. Siempre he escrito literalmente sobre lo que me da la gana, sin presiones ni censuras, excepto las de las fechas límites y los principios de la urbanidad.

En este libro, he reunido una muestra de mis columnas periodísticas, escritas mayormente desde 2000, a excepción de un par de textos anteriores, que me parecieron aún pertinentes. Al recopilar y organizar los artículos, me di cuenta de que se concentraban en tres temas recurrentes, quizás obsesivamente: la identidad nacional, la migración transnacional y la cultura popular. La primera parte de la colección se enfoca en la nación como concepto escurridizo pero imprescindible para abordar muchos aspectos de las identidades personales y colectivas de los puertorriqueños. Aquí me detengo en prácticas culturales como la comida, la bandera, el idioma, los nombres propios, la religiosidad, los deportes, los concursos de belleza y la cuestión racial, para precisar cómo los boricuas se definen y se representan a sí mismos y ante los demás. Trato de evitar el planteamiento de una "esencia" nacional como un atributo inmutable, inherente y homogéneo de la población puertorriqueña. Más bien, me interesa escudriñar las múltiples formas en que los boricuas se afilian a una "comunidad imaginada" como nación, aunque no necesariamente como un Estado soberano, independiente de Estados Unidos. Mi postura intelectual hacia el nacionalismo es de simpatía crítica, no de defensa extremista ni de rechazo total.

En la segunda parte del libro, retomo el asunto de la migración transnacional, que incide inevitablemente en muchas de mis reflexiones sobre la identidad nacional. Aquí me refiero a los fuertes lazos sociales, culturales, económicos y políticos que mantienen muchos migrantes con su país de origen. Me interesa sobre todo el caso de Puerto Rico como una "nación en vaivén", es decir, un país entrecruzado por constantes movimientos poblacionales de ida y vuelta entre la Isla, los Estados Unidos continentales y otros países caribeños como República Dominicana y Cuba. Le presto especial atención a los orígenes históricos del éxodo masivo de boricuas hacia Estados Unidos después de la Segunda Guerra Mundial. También me ocupo de la creciente dispersión geográfica de los puertorriqueños en las últimas tres décadas, particularmente fuera de los núcleos poblacionales de Nueva York, Chicago y Filadelfia, especialmente hacia el área metropolitana de Orlando en la Florida. Asimismo, le he dedicado varias columnas a la emigración surgida después de la Revolución Cubana y a la inmigración dominicana en Puerto Rico, que he venido estudiando desde la década de 1980. También he incluido algunas intervenciones en el debate público sobre la reforma migratoria en Estados Unidos.

La tercera y última parte del libro reúne ensayos sobre diversas instancias de la cultura popular contemporánea en Puerto Rico. Por cultura popular entiendo las prácticas y valores de los sectores subalternos de la población, que muestran una compleja tensión con los sectores dominantes. Aquí me fijo en detalles mundanos de la vida diaria, como la experiencia común de montarse en un elevador, las pegatinas en los carros, el auge de los teléfonos celulares y otros aparatos electrónicos, las graduaciones escolares, las calamidades de la calvicie, las pequeñas batallas cotidianas entre hombres y mujeres, los piropos, la música de salsa, merengue y reggaetón, y las conversiones protestantes. Como se verá, se reiteran ciertas preocupaciones de las primeras dos partes del libro sobre identidad nacional y migración transnacional. La principal diferencia es que en esta última parte le he dado rienda suelta a mi imaginación y sentido del humor. De niño, mi hermano menor, Raúl, me bautizó como "poeta y burlón". Creo que en esta parte del libro sobresale el burlón sobre el poeta, pero confío en que detrás de la ironía se percibirá una intención más seria de comprender, analizar y a veces subvertir el mundo a mi alrededor.

Aunque el último texto del libro no encaja bien dentro de la sección sobre cultura popular, sentí la necesidad de incluirlo como humilde homenaje a mi madre, Mirtha Blanco, que en paz descanse. Después de los textos, añadí una bibliografía consignando los detalles de su publicación original.

La identidad
nacional

LA MANCHA DE PLÁTANO

El 14 de enero de 2007, asistí junto con dos de mis hermanos, mi cuñada y mi sobrino al Séptimo Festival del Plátano en los terrenos de la Iglesia Ríos de Esperanza en Miami. Auspiciada por el Centro Cultural de Puerto Rico en el Sur de la Florida y el Instituto de Cultura Puertorriqueña, la actividad contó con varios grupos de música jíbara, bolero, plena, salsa y reggaetón. También había puestos de artesanías, pinturas y *souvenirs* de la Isla, y se distribuía gratuitamente un periódico puertorriqueño de Miami. Numerosos quioscos vendían piñas coladas, piraguas, pinchos, arroz con gandules, piononos y otras frituras. Como diría la escritora Magali García Ramis, "la manteca que nos une" presidía el evento, a juzgar por las largas filas para comprar mofongo, bacalaítos y alcapurrias.

En otra ocasión, estaba de vacaciones con mi familia, en un picnic en el parque Fairmount de Filadelfia. Allí, frente a un hermoso jardín florido, se retrataban muchos novios antes de casarse. Primero llegó una pareja blanca con sus parientes, hablando inglés. Luego vino un grupo afroamericano y posó en el mismo lugar. Más tarde arribaron unos novios asiáticos con su séquito, conversando en un idioma desconocido para nosotros. Finalmente, apareció una comitiva de distintos tipos físicos, unos blancos, otros negros y algunos mezclados, alternando inglés y español. Al acercarnos a ellos, confirmamos su acento puertorriqueño.

Mi tercera anécdota ocurrió mientras mi esposa y yo viajábamos al Japón, donde yo debía dar una charla en la Universidad del Ryukyus. Al comprar los pasajes, no nos advirtieron que llegaríamos un día después porque cruzaríamos la línea internacional del tiempo entre el hemisferio occidental y oriental. Como resultado, perdimos nuestra conexión en Tokio y llegué tarde a mi conferencia. Intentamos llamar a mi anfitrión, pero los teléfonos no funcionaban y nadie parecía entender inglés. Afortunadamente, mi esposa divisó a un militar puertorriqueño destacado en Okinawa, casado con una japonesa, quien le envió un mensaje de texto al profesor. Agradecidos, nos hicimos íntimos de la pareja, mientras esperábamos el próximo vuelo.

Estas tres pequeñas historias ilustran la expresión popular, "mancha de plátano", que, según el *Diccionario de la Real Academia Española*, significa "naturaleza o carácter del puertorriqueño típico". ¿En qué consiste exactamente esa "mancha" indeleble, como una marca de nacimiento? Mi primera anécdota refleja que la debilidad por el plátano y la grasa forma parte de la dieta tradicional boricua, independientemente de que usted resida en Corozal o Miami. La segunda constata que el mestizaje, así como una manera peculiar de hablar español, distingue a muchos puertorriqueños dondequiera que estén. La última experiencia sugiere que muchos boricuas establecen rápidamente lazos de solidaridad y amistad, especialmente en momentos de crisis, tales como huracanes y contratiempos de viaje. Ninguno de estos rasgos define exclusivamente el "carácter típico" de los boricuas, porque muchos ni comen mofongo, ni están mezclados racialmente, ni se identifican con el prójimo en casos de emergencia. No obstante, al salir fuera de la Isla, usted puede reconocer prácticas ampliamente compartidas, que acá son más difíciles de comprobar, porque están integradas a nuestra rutina diaria.

Algunos expertos en comunicación no verbal, como Carmen Judith Nine Curt, incluso aseguran que es posible identificar a los boricuas por sus expresiones faciales y gestos manuales. Por ejemplo, juntar los labios para apuntar a otras personas, arrugar la nariz y encoger los hombros pueden comunicar mensajes indescifrables para personas ajenas a la cultura puertorriqueña. Recuérdese que expresiones distintivas como "mofongo", "jabao", "bregar" y "ay bendito" son prácticamente intraducibles, y se apreciarán mejor los famosos versos de Juan Antonio Corretjer, "yo sería borincano / aunque naciera en la luna". Aunque quizás sea arriesgado decir "en la luna", la mancha de plátano es difícil de borrar, aun en Miami, Filadelfia y Okinawa.

ORÍGENES

En noviembre de 2006, participé en el programa televisivo, *Lexicón*, en que se discuten términos clave desde distintas perspectivas. Me tocó abordar dos preguntas sugerentes sobre la palabra "origen": ¿Cuál es el origen de la nación? ¿Y cómo funciona la noción de origen para un movimiento migratorio?

Según el *Diccionario de la Real Academia Española*, "origen" significa principio, nacimiento, patria, país de procedencia, ascendencia —todos conceptos afines al de nación, así como los de parentesco, tribu, raza y etnia. Por su parte, "nación" proviene del latín *natio*, que significa literalmente lugar de nacimiento y por extensión un conjunto de personas de origen común, que hablan el mismo idioma, habitan un territorio y comparten creencias y costumbres, aunque no necesariamente un gobierno propio.

Numerosos estudiosos han debatido el surgimiento de la nación y han distinguido al menos dos sentidos del término. Tradicionalmente, las naciones eran pueblos emparentados por la lengua, la religión o la mitología, como los hebreos del Antiguo Testamento. A partir de la Revolución Francesa de 1789, las naciones se asocian con los Estados modernos y con el ejercicio de la soberanía. Entonces, la nación se convierte en una categoría eminentemente jurídica, que define los derechos de la ciudadanía y exige una lealtad exclusiva a un gobierno centralizado, usualmente republicano.

Pero ¿qué pasa cuando los ciudadanos se desvinculan físicamente de sus Estados nacionales? En el año 2008, más de 200 millones de personas vivían fuera de sus países de nacimiento. La migración se considera generalmente como la relocalización de una población de un territorio a otro. Se supone que la mayoría de los inmigrantes se asentará permanentemente en el país receptor, como lo hicieron millones de europeos radicados en Estados Unidos a finales del siglo XIX y principios del XX. También se espera que los inmigrantes y sus descendientes en ese país se "asimilen" gradualmente a la cultura anglosajona dominante, basada en el mito del crisol de razas.

No obstante, las relaciones entre sociedades de origen y destino suelen ser más fluidas de lo que se ha planteado convencionalmente. Para empezar, gran parte de la migración es temporal. Además, todo movimiento poblacional genera un retorno sustancial al país natal. Finalmente, muchas personas circulan constantemente entre países emisores y receptores, incluyendo a miles de mexicanos, puertorriqueños y dominicanos.

Para millones de extranjeros residentes en Estados Unidos, sus orígenes siguen representando un marco de referencia indispensable. Muchos pertenecen a hogares que crían niños y extienden lazos familiares a través de fronteras geopolíticas. Asimismo, mantienen prácticas e ideologías sobre género, raza, etnia y clase arraigadas en sus culturas de procedencia. Anualmente envían millones de dólares a los parientes que dejaron atrás. Participan frecuentemente en los asuntos públicos y hasta votan por candidatos presidenciales de sus países natales. Hoy en día, diez naciones latinoamericanas reconocen el derecho a la doble ciudadanía de sus poblaciones asentadas en el exterior.

El término "diáspora" (que significa dispersión en griego) viene empleándose últimamente para designar a diversos pueblos vinculados estrechamente con sus países de origen, aunque residan fuera de éstos durante un tiempo prolongado. Una de las manifestaciones culturales de una identidad diaspórica es el "nacionalismo a larga distancia": un esfuerzo por cultivar una afiliación emocional con la patria ancestral aunque se viva lejos de ella e incluso nunca se regrese definitivamente. De este persistente apego nacionalista son testigos los judíos estadounidenses que contribuyeron a establecer el Estado de Israel, los estadounidenses de ascendencia irlandesa que aportaron sustancialmente al Ejército Republicano Irlandés o los puertorriqueños que construyeron el Paseo Boricua en Chicago.

Así es que la cuestión de los orígenes nacionales se complica grandemente con los movimientos migratorios contemporáneos. En tales condiciones, la patria no siempre coincide con el lugar de domicilio y ciudadanía actual, sino —retomando a Eugenio María de Hostos— con un punto de partida imaginado desde lejos.

FRONTERAS

Si usted viaja de Montreal a Nueva York, tendrá que entregar los formularios de inmigración y aduana de Estados Unidos en el aeropuerto internacional Trudeau. Allí, funcionarios públicos estadounidenses inspeccionarán sus documentos y maletas, antes de proceder a la puerta de salida. Al aterrizar en el aeropuerto JFK, usted no sufrirá la tortura reservada usualmente para pasajeros internacionales, sino que llegará a un terminal de vuelos nacionales. La frontera norte de Estados Unidos aparentemente se ha extendido al Canadá.

Por otro lado, si usted viaja de un país a otro de la Unión Europea, y posee un pasaporte europeo o estadounidense, las autoridades gubernamentales no revisarán detenidamente sus papeles. Pero si usted es ciudadano de Sudáfrica, China o Cuba, necesitará una visa para desplazarse dentro de la Unión Europea. Mientras las fronteras entre muchas naciones europeas se han vuelto más porosas, se han endurecido frente a otros países, especialmente los africanos, asiáticos y latinoamericanos.

Las fronteras son límites físicos y simbólicos perdurables en el mundo contemporáneo. Aunque la globalización ha reconfigurado a numerosos Estados nacionales, incluyendo los de Norteamérica y Europa Occidental, los gobiernos siguen estableciendo líneas divisorias infranqueables entre diferentes sistemas políticos, códigos legales, mercados, culturas e idiomas. La mayoría de la gente aún vive dentro de los confines de un Estado-nación y depende de éste para definir y validar sus derechos civiles y humanos. No obstante, cada vez más personas circulan constantemente a través de zonas limítrofes e híbridas entre espacios nacionales. Quizás el caso más conocido es la enorme región binacional, bilingüe y bicultural a lo largo de la frontera suroeste de Estados Unidos, bautizada como "Mexamérica" por el periodista Joel Garreau. Aquí predominan la música norteña, la comida texmex, la Virgen de Guadalupe y el *Spanglish*.

¿Será Puerto Rico también una zona transfronteriza de Estados Unidos? Desde 1904, los puertorriqueños se mueven libremente entre la Isla y Estados Unidos, ya que las autoridades estadounidenses de inmigración no los consideran "extranjeros". En comparación con otros pueblos latinoamericanos y caribeños, para un boricua es menos complicado viajar al continente norteamericano, porque no requiere pasaportes, visados ni permisos oficiales. Sin embargo, muchos puertorriqueños experimentan un cambio drástico en los contornos geográficos, culturales, lingüísticos y hasta raciales de sus vidas diarias al mudarse al exterior. Además, los residentes en el continente adquieren nuevos derechos y responsabilidades legales, como votar por el presidente y pagar impuestos federales. Las populares expresiones "irse pa' fuera" y "vivir afuera" revelan esa sensación común de estar en un país ajeno.

En la Isla, la ciudadanía estadounidense coexiste con un tenaz sentido de pertenencia individual y colectiva a una nacionalidad puertorriqueña. Aquí colindan y se entremezclan diversas prácticas culturales y lingüísticas de origen hispánico, africano, caribeño y anglosajón. Más aún, Puerto Rico se ha convertido en una encrucijada transnacional para miles de personas que se van hacia Estados Unidos, mientras otras provienen del exterior, incluyendo a naciones vecinas como República Dominicana. Según los cálculos censales del año 2007, el 8.6% de la población insular había nacido en Estados Unidos y otros países.

Pero el dato más dramático que apoya la idea de Puerto Rico como nación fronteriza es que, según la misma fuente, ya más puertorriqueños residen en el exterior que en la Isla. En el año 2006, por primera vez, el censo registró un predominio numérico de la población de origen boricua en Estados Unidos (3,987,947 personas o 50.6% de todos los puertorriqueños) sobre los habitantes de la Isla (3,927,776 o 49.4%). Hace falta evaluar las consecuencias a largo plazo del masivo e incesante cruce de fronteras entre Puerto Rico y Estados Unidos. Entre otras cosas, es cada vez más difícil deslindar los límites territoriales, jurídicos y lingüísticos de la identidad nacional puertorriqueña.

SACAR LA BANDERA

"¿Por qué los puertorriqueños sacan tanto su bandera?", me preguntó una antropóloga noruega que visitó la Isla hace algún tiempo. Los noruegos aparentemente no despliegan su bandera con tanta frecuencia; ni se la pegan constantemente en camisetas, pantalones y gorras; ni se pelean por izarla sola o acompañada por la de otros países. No puedo afirmar categóricamente que los boricuas estén más obsesionados con su bandera que los habitantes de otros lugares, pero sí quisiera intentar descifrar el uso popular de este símbolo nacional en Puerto Rico y en sus comunidades migrantes en Estados Unidos.

Primero, debe recordarse que sacar la bandera puertorriqueña en público fue una práctica criminalizada hasta 1952, cuando se estableció el Estado Libre Asociado (ELA). Hasta ese momento, la monoestrellada había sido enarbolada primordialmente por los independentistas como señal de resistencia frente al colonialismo estadounidense. El primer acto legislativo del ELA fue precisamente adoptar la antigua bandera nacionalista como símbolo oficial del país. Desde entonces, el despliegue ritual de la bandera se ha difundido cada vez más en actividades locales e internacionales, incluyendo festividades patrióticas, competencias deportivas, concursos de belleza, conciertos de música popular, protestas estudiantiles y obreras, y hasta funerales. La monoestrellada se ha convertido en el emblema indiscutible de la nación puertorriqueña, más allá de partidos políticos, clases sociales y lugares de residencia. En cuanto al último elemento, llama la atención la multitudinaria concentración de banderas boricuas a lo largo de la Quinta Avenida durante el Desfile Puertorriqueño de Nueva York. Segundo, la bandera se ha comercializado a tal punto que para muchos ha perdido su valor simbólico oficial. ¿Cuántos saben lo que significan las tres franjas rojas separadas por dos blancas y el triángulo azul con una estrella blanca en su centro? Pocos recordarán que las franjas rojas representan la sangre vital que nutre los poderes legislativo, judicial y ejecutivo del gobierno; las blancas, a los derechos y libertades civiles, y la estrella al ELA. Poco le importa a la mayoría de la gente que esa insignia apareciera (con otras connotaciones) durante la lucha por la independencia contra España en 1895. Pocos saben que la monoestrellada se izó por primera vez en la ciudad de Nueva York, junto con la de Cuba. Lo importante es que la bandera se vende bien actualmente en la Isla y dondequiera que vivan boricuas. La bandera es un signo flotante que se adapta fácilmente a múltiples objetos de consumo, desde la ropa diseñada por Jennifer López hasta la pintura corporal de la actriz Roselyn Sánchez, pasando por llaveros, pantallas, collares, bolígrafos, libretas, toallas, tazas, tablillas, pegatinas (*stickers*) para carros y otras mercancías.

Por último, la creciente comercialización (y trivialización) de la bandera corresponde a una afirmación cada vez más vigorosa de la identidad cultural en Puerto Rico, independientemente del separatismo político. Aun en las actividades patrocinadas por el Partido Nuevo Progresista, la monoestrellada rivaliza con "la pecosa" por las lealtades de sus seguidores, por no hablar del predominio de la primera sobre la segunda en las manifestaciones públicas del Partido Popular Democrático y el Partido Independentista Puertorriqueño. La bandera constituye uno de los pocos íconos de unidad entre todos los boricuas. Quizás de ahí surge la necesidad de sacar la bandera en cualquier oportunidad que sea posible: para reafirmar los lazos de solidaridad y el imaginario colectivo que identifican a un pueblo, con o sin soberanía.

EL NACIONALISMO DEPORTIVO BANAL

Durante el verano de 2007, se celebraron varias competencias internacionales de baloncesto, comenzando con los Juegos Panamericanos, pasando por Caribe Basket y la Copa Tuto Marchand, y culminando en el Torneo Preolímpico de Las Américas. Noche tras noche, me pegaba fielmente al televisor para seguir las peripecias de nuestro equipo nacional. Confieso que, así como miles de fanáticos, disfruté mucho las victorias y me decepcionaron las derrotas del quinteto boricua. Fueron emocionantes los cerrados triunfos sobre Canadá y Brasil, que nos aseguraron el tercer lugar en el torneo de Las Vegas y el pase al torneo de repechaje para las Olimpiadas en China. Tras escándalos sobre fraudes médicos, abusos policiales, corrupción gubernamental y fondos malversados, las hazañas del equipo nacional proveyeron un respiro de alivio.

¿Por qué evocan fuerzas afectivas tan poderosas los encuentros deportivos internacionales? Un primer acercamiento podría ser el concepto de "nacionalismo banal", acuñado por el psicólogo social británico Michael Billig. El término se refiere a la reproducción de la identidad nacional mediante prácticas rutinarias y mundanas como discursos políticos, crónicas deportivas, canciones populares, símbolos monetarios y banderas. Hoy en día, quizás la expresión más difundida de la nacionalidad es el deporte: una representación ritual propagada constantemente por los medios de comunicación masiva y la industria publicitaria. El nacionalismo banal asume la nación como una división natural de la humanidad de modo casi inconsciente e irreflexivo. Por ejemplo, los reportajes periodísticos comúnmente establecen una oposición tajante entre "nosotros" —los miembros de la nación— y "ellos" —los contrincantes extranjeros. En este texto, también he recurrido al adjetivo posesivo "nuestro" para distinguir lo propio de lo ajeno.

En este contexto puede entenderse mejor el significado del deporte para la identidad nacional puertorriqueña. Al igual que en otros países, las contiendas atléticas dramatizan valores y prácticas culturales dominantes, como los códigos de honor masculino. Por ejemplo, durante el partido final de Caribe Basket entre boricuas y quisqueyanos, uno de los visitantes, el delantero Jack Michael Martínez, le propinó tres fuertes codazos al armador local Carlos Arroyo. Cuando éste le devolvió un puñetazo, el resto del equipo nacional y gran parte del público presente se enardecieron contra el jugador dominicano. Aunque el incidente no tuvo mayores consecuencias que una doble falta personal, ilustró el arrojo de Arroyo ante un oponente mucho más alto y corpulento, así como la lealtad incondicional de los fanáticos boricuas a su figura estelar. Junto a los competidores, los espectadores encarnan hábitos y estilos tradicionales, en su manera de vestir, gritar, cantar, sacar la bandera, celebrar, protestar, abuchear al adversario e incluso pelear.

Aparte de la participación en concursos de belleza, el deporte es la única representación internacional de la identidad nacional puertorriqueña. Qué duda cabe de que la gran mayoría de los espectadores boricuas cierra filas con sus atletas en competencias regionales y mundiales como los Juegos Panamericanos y Olímpicos. Lo que no queda claro es si el nacionalismo deportivo banal tiene mayores repercusiones prácticas, más allá de fomentar el consumo conspicuo de zapatos tenis o comida chatarra. De una parte, el apoyo masivo a una pequeña élite de atletas (frecuentemente profesionales bien pagados) tiene poco que ver con manifestaciones más duraderas de solidaridad. El abanderarse con las delegaciones atléticas no necesariamente se traduce en esfuerzos sociales progresistas.

De otra parte, cada vez que Puerto Rico participa en eventos deportivos internacionales, se reafirma lo que se disputa constantemente en la esfera pública: la existencia de una vigorosa identidad nacional en el plano cultural. Este fenómeno es notable cuando un equipo representativo de la Isla se enfrenta a uno de Estados Unidos. Dudo que los boricuas sientan mayor orgullo y euforia colectiva que cuando los suyos les ganan a los estadounidenses, especialmente en baloncesto, boxeo o pelota. La persistente definición de los puertorriqueños como "nosotros" y de los estadounidenses como "ellos" rebate simbólicamente la asimilación cultural de Puerto Rico a Estados Unidos.

A largo plazo, los fuertes lazos de afiliación nacional fomentados por actividades deportivas podrían redundar en beneficios no triviales. Uno de los efectos más sobresalientes del nacionalismo deportivo banal es borrar (al menos momentáneamente) las diferencias de clase, raza y género para ratificar la pertenencia de todos los ciudadanos a una nación. Ése podría ser un punto de partida para proyectos de mayor envergadura, como los que promueven la soberanía, la participación comunitaria, la justicia social y la igualdad.

MISSIOLOGÍA

¿Por qué los puertorriqueños le prestan tanta atención a concursos internacionales de belleza como Miss Universo? En el año 2004, me encontraba en México durante el concurso y los mexicanos que conocí no perdieron el sueño por verlo. Durante el verano de 2005, estaba de visita en la Florida y varios periódicos estadounidenses ni siquiera mencionaron el triunfo de la delegada canadiense a la mañana siguiente. Sin embargo, el triunfo de cinco beldades boricuas en el concurso de Miss Universo es cuestión de afirmación patriótica en la Isla.

Uno de los motivos básicos del culto popular a la missiología es que Puerto Rico carece de representación en casi todos los foros internacionales, menos los deportes y la música. (Quizás por eso han sido tan prominentes Tito Trinidad y Ricky Martin en el imaginario colectivo boricua.) En el concurso de Miss Universo, la Isla compite en igualdad de condiciones con numerosos países, desde pequeños territorios dependientes hasta potencias mundiales como Estados Unidos. Cada vez que una de las nuestras figura entre las finalistas, su éxito arranca múltiples expresiones de orgullo y júbilo, como ocurre durante el recibimiento oficial de las candidatas más carismáticas. Si no tenemos presidente ni primer ministro, al menos tenemos cinco reinas del universo.

Por otra parte, los concursos de belleza promueven que los espectadores se identifiquen personalmente con las participantes, especialmente cuando logran sus aspiraciones, mediante una amplia proyección internacional en los medios de comunicación. (Algunas se han destacado como modelos, actrices, cantantes y políticas.) Así, los esbeltos cuerpos, enredos amorosos y carreras profesionales de Marisol, Deborah, Dayanara, Denise y Zuleyka han sido objeto de continuo escrutinio en noticiarios de "arte y cultura", revistas de glamour, páginas de Internet, recepciones de médicos, chismes de pasillo y salas familiares. (Sin duda, el escándalo del "gas pimienta" de Miss Puerto Rico 2008, Ingrid Marie Rivera, rompió el récord publicitario de todos los tiempos.) ¡Qué exquisito placer sentimos aficionados y expertos criticando el maquillaje, el desfile en pasarela, el traje típico, de baño y de noche, o la contestación de las candidatas a las preguntas finales! Poco importa que todas invoquen ceremonialmente la paz mundial o la solidaridad con los enfermos del SIDA. Lo importante es cómo luce la missi, si pierde la tabla o sonríe, mientras dice cualquier tontería.

Los concursos, especialmente los internacionales, suelen celebrar los cánones de belleza femenina predominantemente europeos, que aún parecen privilegiar los jueces y el público general. ¿Por qué sólo 12 delegadas de origen asiático o africano han ganado la corona de Miss Universo desde 1952? ¿Por qué casi todas las candidatas puertorriqueñas han tenido el mismo tipo físico (piel clara, rasgos faciales caucásicos, pelo largo y lacio)? ¿Cuántas boricuas comparten las delgadas y altas siluetas de las mujeres que enviamos regularmente a los certámenes en el exterior? ¿Por qué hay que organizar un concurso aparte para Miss Piel Canela y otro para Miss Petite? ¿Y por qué le hacemos tan poco caso a las competencias correspondientes para hombres?

Las preguntas son más numerosas que las respuestas. Pero hoy en día gran parte de los puertorriqueños concuerda en que la participación de la Isla en los concursos de belleza, así como en los eventos olímpicos, es un ritual importante para reafirmar la identidad nacional. Junto con la bandera monoestrellada, el idioma español, las tradiciones navideñas, la música de salsa y el coquí, la missiología se ha convertido en uno de los símbolos más difundidos de la puertorriqueñidad.

NACIONES SIN ESTADO

En un viaje a Galicia, me sorprendió escuchar a la gente hablando gallego por todas partes —en la calle, la televisión, los restaurantes y los salones universitarios. También observé graffitis pintados en varios edificios de La Coruña, aludiendo (en gallego) al "gobierno imperialista" de Madrid. Cuando visité el principal monumento histórico de esa ciudad, La Torre de Hércules, me di cuenta de la importancia simbólica del legado celta y romano como mitos de fundación de Galicia. En una encuesta reciente, el 52% de los entrevistados en esta región se sentía tan gallego como español. Sin embargo, otro sondeo demostró que sólo un 2% de los gallegos apoyaba la independencia de Galicia, mientras un 79% favorecía la autonomía dentro del Estado español.

Cualquier coincidencia entre Galicia y Puerto Rico no es pura casualidad. En ambos lugares, el nacionalismo se expresa más fuertemente en términos culturales (a través del apego a la lengua vernácula, por ejemplo) que en el apoyo al separatismo político. Puerto Rico y Galicia son, en más de un sentido, naciones sin Estado, como Cataluña, Escocia, Córcega o Quebec. Los habitantes de todos estos lugares tienen un vibrante sentido de identidad, basado en un territorio, una historia, una cultura y una lengua compartida, así como en la resistencia al control político externo. La tendencia ideológica dominante en todas estas áreas geográficas es el autonomismo, el intento por mantener la identidad nacional dentro de los límites de un gobierno que representa una lengua, una cultura y un poder metropolitano distantes.

¿Cómo explicar esta aparente contradicción entre la vigorosa expresión de una cultura nacional, frente a un débil apoyo a la constitución de un Estado soberano? Algunos estudiosos han propuesto que los puertorriqueños —así como los gallegos, catalanes, escoceses, corsos, quebequenses y otras naciones sin Estado— han adelantado muchos de sus intereses políticos, económicos, culturales y lingüísticos a través de la autonomía. Para sus defensores, el Estado Libre Asociado representó la posibilidad de defender el idioma español, las tradiciones populares y el patrimonio histórico sin ceder completamente a la cultura estadounidense. Según sus críticos, el ELA ha sido un proyecto fallido, un intento utópico por construir una nación sin Estado y sin cuestionar las bases del régimen colonial de Estados Unidos. Amplios sectores autonomistas incluso han planteado la necesidad de un "ELA culminado" con mayores poderes sobre asuntos clave como la ciudadanía, el comercio exterior y la representación internacional.

Sea como fuere, el caso de Puerto Rico tiene una fuerte resonancia con otros territorios dependientes. El *issue* del status no es un asunto exclusivamente boricua, aunque aquí se manifiesta de manera muy peculiar (la "guerra de las banderas" no tiene tanta intensidad en Galicia, por ejemplo). Es también el dilema de otros pueblos subordinados a potencias ajenas que no siempre respetan su derecho a la autodeterminación. La historia colonial de muchas naciones sin Estado confirma que han sido objeto de la expansión territorial y militar de estados imperiales como España, Francia, Reino Unido y Estados Unidos. El futuro político de varios de estos territorios dependientes aún está por decidirse. Lo que está claro es que hoy en día la lucha por establecer un Estado soberano no es la única vía hacia la autodeterminación de los pueblos, ni es siempre la más favorecida por las grandes mayorías para afirmar, defender y promover su identidad nacional.

NOMBRES BORICUAS

En países hispanohablantes y predominantemente católicos, se acostumbraba antiguamente nombrar a los bebés según el día del santo en que nacieron. Por eso resultaba imprescindible un almanaque con "santoral al dorso" (como se llamaban algunos jíbaros). Desgraciadamente, muchos cristianos debían cargar la cruz de Agapito, Atanasio, Domitila, Eduviges, Eleuterio, Eulogio, Eustaquia, Gertrudis y Hermenegildo.

Otra costumbre común era bautizar a los niños en honor de sus padres y abuelos. En mi familia paterna, Rafael, Andrés, Ambrosio, Antonio, María y Caridad se repiten por generaciones. A veces, para diferenciar a parientes con el mismo nombre y apellido, hay que utilizar el segundo nombre, el apellido materno o el consabido "Júnior". Para algunas personas, llamarse igual que un antepasado podría determinar su carácter y fortuna, como si el nombre facilitara la trasmigración de almas gemelas.

En la década de 1980, la profesora de la Universidad de Puerto Rico, Joan Fayer, documentó un aumento notable de las denominaciones inglesas en Puerto Rico. Según su encuesta, el 34% de los niños y el 23% de las niñas tenían nombres en inglés, como Raymond, Richard, Robert, William, Arlene, Elizabeth y Jennifer. Para esa época, muchas personas con nombres hispánicos, especialmente varones, adoptaban apodos anglicados, como Charlie, Eddie, Frankie, Joe, Johnny y

Tony. El cambio de nomenclatura podía atribuirse a la creciente influencia y prestigio del inglés.

Según un informe del Departamento de Salud, en el 2002, los nombres más populares para varones en Puerto Rico eran Luis, José, Ángel, Carlos y Kevin. Les seguían en importancia Gabriel, Juan, Christian, Bryan y Jean. Para las nenas, Paola, Alondra, Gabriela, Génesis y Andrea eran los preferidos. Luego venían Adriana, Natalia, Valeria, Kiara y Karla. María, Carmen y Rosa ya no figuraban entre los primeros diez nombres femeninos.

La tendencia más reciente ha sido crear nombres compuestos, invertidos o inventados. En mis listas de estudiantes, una de cada seis tiene un nombre original como Abbynet, Adianés, Anelsie, Angelishka, Bethdiannne, Coralee, Cristabel, Daizuleika, Dhilma, Elizvette, Hayris, Idalisabel, Jesibel, Kaovy, Keimari, Kenya, Keysha, Lemsy, Leynalá, Lismary, Lu-Mariann, Luesdy, Lyd-Marie, Lymaries, Mirla, Nahelis, Nairam, Naiyara, Nanchy, Nashma, Nivek, Raysa, Reisamari, Samary, Shairilyn, Silmaris, Suanette, Sulai, Suría, Vicmayra, Wilitza, Wilmarie, Wilnelia, Yahaira, Yaraitza, Yarelis, Yarimar, Yashira, Yajxa, Yoyzka y Zaimaris. Entre los varones, recuerdo nombres exóticos como Abimahel, Abinel, Amabex, Ariel, Atabex, Darwin, Éinar, Heber, Hilemm, Istar, Jasad, Kabir, Mozart, Nilmar, Seil, Yaureibo y Yilmar. Por alguna extraña razón, las niñas son víctimas más comunes del ingenio paterno que los niños.

En los pasados 50 años, las tradiciones hispánicas y católicas han perdido terreno frente a la modernización, urbanización e industrialización del país. La exposición constante a la lengua inglesa y los medios de comunicación estadounidenses también ha contribuido a transformar las prácticas de nombramiento. Además, ciertos nombres se han puesto de moda, como Gabriela, Camila, Tanairi o Shakira, debido al éxito de una película, telenovela o cantante.

Pero ¿por qué acuñar nombres noveleros para los hijos? Muchos padres aparentemente quieren distinguirlos con un apelativo único desde que nacen. Ya ni los nombres de procedencia hispánica ni anglicana satisfacen el impulso creativo de numerosos progenitores jóvenes. Por mi parte, he pensado frecuentemente que convendría llamarse Pérez o Rivera más que tener un raro apellido de origen irlandés como el mío. Quizás nuestros antepasados querían ahorrarnos trabajo al llamarnos Pedro, Jorge, Ana o Isabel. Compadezco a los pobres niños que siempre tendrán que deletrear sus extraños nombres boricuas porque nadie puede escribirlos ni pronunciarlos. He ahí un problema de identidad.

EL CENSO, LA RAZA Y LOS PUERTORRIQUEÑOS

En el año 2000, usted recibió un formulario del censo por correo. Con suerte, le tocó el cuestionario corto (a una sexta parte de los hogares le llegó el largo). De todos modos, usted tuvo que responder a una pregunta sobre su identidad racial, escogiendo entre las siguientes categorías: negro o africano americano, indio americano o nativo de Alaska, asiático, nativo de Hawai o de otras islas del Pacífico. También podía marcar "alguna otra raza" y añadir el término racial que mejor lo describiera. Por primera vez, usted pudo elegir más de una categoría racial para indicar ascendencia mixta. También por primera vez en Puerto Rico, usted podía especificar su raza, en vez de dejarla a la observación de los enumeradores censales. ¿Cuál de estas categorías escogería usted para describirse racialmente?

El problema de clasificar la raza de los puertorriqueños, tanto en la Isla como en los Estados Unidos continentales, ha preocupado a funcionarios gubernamentales e investigadores académicos desde principios del siglo XX. Dos asuntos clave han permeado los debates intelectuales y públicos sobre la raza en Puerto Rico. Por un lado, la fluidez de los términos populares en la Isla refleja la extensa mezcla racial de la población, particularmente entre blancos y negros. Por otro lado, la población puertorriqueña ha mostrado una marcada tendencia a "blanquearse" a lo largo del tiempo, según se manifiesta en las estadísticas censales. En 1950, cuatro de cada cinco puertorriqueños fueron clasificados como blancos, comparados con dos de cada tres en 1899.

Las nociones populares sobre raza en Puerto Rico no pueden reducirse fácilmente a la antítesis entre blancos y negros, prevaleciente en Estados Unidos. Los puertorriqueños usualmente agrupan a la gente en tres grandes categorías raciales —blancos, negros y mixtos— basándose primordialmente en el color de la piel y otras características visibles del cuerpo como la textura del pelo y los rasgos faciales. Así, por ejemplo, usted puede escuchar en la calle múltiples términos raciales como blanco, blanquito, colorao, rubio, cano, jincho, blanco con raja, jabao, trigueño, moreno, mulato, indio, café con leche, piel canela, prieto, molleto, de color, negro y negrito. Un formulario de solicitud de admisión a un programa de la Facultad de Educación de la Universidad de Puerto Rico en Río Piedras incluso diferenciaba entre trigueño claro y trigueño oscuro. Las distinciones raciales en Puerto Rico conllevan un complejo inventario de características físicas tales como la pigmentación de la piel, el pelo y los ojos, así como la forma del pelo, los labios y la nariz. Comparado con Estados Unidos, el origen familiar tiene menos importancia para determinar la raza en Puerto Rico.

En Estados Unidos, el sistema dominante de clasificación racial pone énfasis en una división rígida entre blancos y no blancos, a partir de la asignación de los hijos de matrimonios mixtos al grupo racial subordinado. Así, por ejemplo, los descendientes de un blanco con una india se identifican frecuentemente como indios y los hijos de un negro con una blanca siempre se consideran negros, no importa el color de su piel. Tal es el caso de los hijos del ex futbolista O. J. Simpson, las actrices Vanessa Williams y Halle Berry, la cantante Beyoncé o el presidente Barack Obama. Según esta regla, cualquier persona con antepasados africanos conocidos se define como negra, independientemente de su apariencia física. Algunos estados de la unión americana (como Luisiana hasta 1983) incluso caracterizaban legalmente como negra a cualquier persona que tuviera 1/32 de "sangre" negra. Esta marcada oposición entre las concepciones puertorriqueñas y estadounidenses de la identidad racial tiene múltiples repercusiones para la política pública, entre ellas la forma apropiada de categorizar, contar e informar el número de personas de distintos colores.

Por primera vez en 50 años, el censo del 2000 les preguntó su raza a los puertorriqueños en la Isla. Con algunas variaciones menores, el cuestionario de Puerto Rico fue idéntico al de Estados Unidos. Esta decisión se tomó en respuesta al intenso cabildeo de la administración del entonces gobernador Pedro Rosselló por incluir a la Isla en las estadísticas censales federales, junto con los 50 estados de la unión americana. La página electrónica del censo incluye actualmente a Puerto Rico dentro del menú de los estados, después de Pensilvania y antes de Rhode Island. Sin embargo, no está claro cómo y por qué respondió la gente de la Isla a las categorías federales sobre raza y etnicidad. Está claro que muchas de estas categorías —tales como africano americano, indio americano, asiático, hawaiano, nativo de Alaska o de las islas del Pacífico— no son pertinentes para la gran mayoría de la población de Puerto Rico.

¿Qué contestar entonces en el cuestionario del censo? Si usted siguió la tendencia establecida por muchos boricuas residentes en Estados Unidos, tal vez prefirió no escoger ni blanco ni negro, sino "otro"; o pudo optar por ambas categorías. También podía definir su identidad racial combinando múltiples categorías, como blanco e indio americano o negro y alguna otra raza. El Negociado del Censo calculó que todas las combinaciones raciales posibles sumaban 63.

Al fin y al cabo, ¿cuál es el valor práctico de tales categorías raciales para los funcionarios públicos, los estudiosos y los ciudadanos comunes y corrientes? ¿Por qué seguir recopilando información tan poco confiable, especialmente en Puerto Rico? Quizás las estadísticas censales sirvan para demostrar, una vez más, que ningún sistema de clasificación racial —ni el estadounidense ni el puertorriqueño— es una representación completamente adecuada de la diversidad biológica humana. Mucho menos apropiado resulta utilizar la raza para explicar las diferencias sociales o culturales. Todos los sistemas de clasificación racial son relativos, arbitrarios y de dudosa validez científica. Por lo tanto, tal vez la mejor opción en un cuestionario como el del censo sería —para reciclar la fórmula ganadora en el plebiscito de 1998 sobre el status de Puerto Rico— "ninguna de las anteriores".

PARADOJAS RACIALES DE LOS PUERTORRIQUEÑOS

Después de 50 años de evadir el tema, el censo del 2000 les preguntó a los puertorriqueños en la Isla (así como en Estados Unidos): "¿A qué raza pertenece usted?" Las respuestas a esta pregunta revelaron cuatro grandes paradojas.

Primero, el 80.5% de la población de Puerto Rico se clasificó como blanco, contra sólo un 8% como negro (el restante 11.5% dijo ser de alguna otra raza o dos o más razas). ¿Cómo es posible que, en un país marcado por la esclavitud africana y el mestizaje, la gran mayoría de la gente se defina como blanca? El aumento constante de la población blanca viene observándose en las estadísticas oficiales desde mediados del siglo XIX (a excepción del censo de1899). Tal "blanqueamiento" no puede explicarse cabalmente a partir de la inmigración europea ni la emigración de personas de origen africano en el último siglo y medio. Habría que examinar más a fondo cómo nuestra sociedad considera a muchas personas de ascendencia mixta (los llamados trigueños y morenos) como blancas.

Segundo, las estadísticas censales muestran gran variación regional en la autoclasificación racial. Por un lado, los municipios del interior registraron porcentajes mucho mayores de personas blancas que para toda la Isla, incluyendo a Adjuntas, Ciales, Corozal, Jayuya, Las Marías, Morovis, Naranjito, San Sebastián, Utuado y sobre todo Lares (este último con un

95.7% de personas blancas). Por otro lado, varios municipios costeros informaron una mayor proporción de personas negras, tales como Arroyo, Canóvanas, Carolina, Ceiba, Culebra, Guayama, Maunabo, Río Grande, Vieques y especialmente Loíza (este último con un 57.9% de personas negras). Dicha distribución racial de la población coincide a grandes rasgos con los patrones de asentamiento de los inmigrantes europeos y africanos durante el período colonial español. No obstante, la gran mayoría de los residentes de municipios como Guayama, Maunabo o Vieques se considera blanca.

Tercero, menos de la mitad (46.4%) de los puertorriqueños en Estados Unidos se definió como blanca, pero sólo un 6.4% dijo ser negro (un 47.2% declaró pertenecer a otras razas). Mientras la población de la Isla se ha ido "blanqueando" en las estadísticas censales, muchos puertorriqueños en el continente se han convertido en "otros". Entre otras razones, el auge del rótulo "hispano" o "latino" desde la década de 1970 ha permitido que muchos boricuas lo utilicen como sinónimo de *brown* —ni blanco ni negro.

Finalmente, los puertorriqueños contestaron la pregunta racial del censo de maneras muy diversas a través de Estados Unidos. En la Florida, el 67.1% dijo ser blanco, comparado con sólo un 5% en Connecticut (en la mayoría de los estados la proporción fluctuaba entre 41 y 59%). ¿Cómo explicar esa aparente variedad en la composición racial de los puertorriqueños en Estados Unidos? La mayoría de los expertos concuerda en que la "raza" es una construcción social que varía histórica y culturalmente. Las estadísticas raciales nunca reflejan una verdad absoluta ni científica, sino que más bien articulan los discursos ideológicos dominantes. Por eso, algunos estudiosos han propuesto eliminar la pregunta sobre raza del censo o incluir categorías multirraciales o intermedias como "moreno" y "trigueño" para captar el mestizaje. De lo contrario, las estadísticas oficiales seguirán sugiriendo que Puerto Rico se parece más a un país escandinavo que a otros países afrocaribeños.

IDENTIDAD NACIONAL Y RELIGIOSIDAD POPULAR

En el año 2003, la publicación de la carta pastoral, *Patria, nación e identidad: don indivisible del amor de Dios*, del Arzobispo de San Juan, Monseñor Roberto González Nieves, generó mucha controversia. El debate público giró primordialmente en torno a las implicaciones políticas del documento, especialmente en cuanto a las relaciones entre Puerto Rico y Estados Unidos, y a la separación entre Iglesia y Estado. En este breve comentario, quisiera concentrarme en tres asuntos poco discutidos de los planteamientos del arzobispo sobre la identidad nacional de los puertorriqueños.

En primer término, llama la atención el reclamo de que la Iglesia ha sido "la madre de nuestra cultura" (pág. 7). A lo largo de su carta pastoral, González Nieves no se refiere exclusivamente a la Iglesia Católica. Más bien propone que "el cristianismo ha penetrado en los repliegues más recónditos del alma puertorriqueña" (pág. 7). Más adelante, insiste en que "nuestra tradición cultural y política ha asimilado estas ideas espirituales del acervo cristiano" (pág. 25). Aunque anclado en el pensamiento social católico, el texto articula una filosofía abierta a diversas expresiones institucionales de la fe cristiana. Esa apertura a la cooperación entre católicos y protestantes se hizo más evidente que nunca en el movimiento de Paz para Vieques, en que González Nieves participó activamente junto con los representantes de otras denominaciones religiosas en el país. Quizás por eso, muchos líderes protestantes acogieron la carta pastoral como una invitación al diálogo ecuménico.

En segundo lugar, el arzobispo reflexiona sobre la creciente dispersión física —para él no es espiritual— del pueblo puertorriqueño. Tal vez partiendo de su propia experiencia como hijo de emigrantes, González Nieves evoca compasivamente "el éxodo de tantos compatriotas que, aun fuera de nuestras costas, son hijos e hijas de la nación puertorriqueña" (pág. 61). Como sociólogo de formación, el prelado se pregunta por el significado de la ciudadanía y del Estado-nación en una situación cada vez más globalizada. Y se contesta que las fronteras territoriales y jurídicas de los Estados no siempre coinciden con las identidades culturales. Al emigrar, los puertorriqueños desbordan los límites insulares, pero no dejan de ser puertorriqueños. Por ello, González Nieves distingue claramente el nacionalismo cultural del separatismo político y reconoce varias alternativas para ejercer el derecho a la autodeterminación (ya sea mediante la independencia, la libre asociación o la integración de pueblos soberanos). La distinción analítica entre nación y Estado, que corresponde a la diferencia entre nacionalismo cultural y político, ayuda a despejar algunas confusiones comunes en la Isla.

Finalmente, el arzobispo hace una breve pero sustanciosa alusión a la religiosidad popular: "Urge, pues, revitalizar la rica piedad popular puertorriqueña que incluye, entre otras manifestaciones: la entronización del Sagrado Corazón, la devoción al Inmaculado Corazón de María, las fiestas patronales, las promesas y peregrinaciones, los altares domésticos, los nichos e imágenes exteriores, novenarios de difuntos, rosarios de la cruz, el rosario en familia, la coronación de la Virgen en familia, la talla de santos…" (pág. 30). A mediados de la década de 1980, como sociólogo, González Nieves había identificado numerosas prácticas tradicionales como parte del perfil religioso de los inmigrantes latinos en Estados Unidos. Es sumamente importante que el máximo representante de la Iglesia Católica en la Isla valore esas creencias y costumbres como ejes de la espiritualidad del pueblo puertorriqueño. Si en algún lugar se afinca la identidad nacional, es precisamente en la religiosidad popular.

EL SÍNDROME PUERTORRIQUEÑO

Imagínese que usted asiste al entierro de un ser querido. De pronto, en medio del cementerio, una parienta del difunto empieza a gritar y llorar desconsoladamente, halándose los pelos, moviéndose agitadamente y desmayándose en la acera. Varios familiares tratan de ayudar a la infortunada, pero nadie piensa que su reacción sea anormal en esa situación tan triste. Usted acaba de presenciar lo que se conoce popularmente como "patatús", "soponcio", "mal de pelea" o "ataque de nervios". Algunos especialistas en salud mental también lo han llamado "el síndrome puertorriqueño".

Según el psiquiatra puertorriqueño Roberto Lewis-Fernández, los ataques de nervios se caracterizan por la falta de control de las emociones y el cuerpo, manifestada en episodios crónicos de ansiedad, depresión, insomnio, temblores, palpitaciones, pérdida de apetito, jaquecas, mareos, cansancio y malestares estomacales. Sin embargo, las personas que "padecen de los nervios" rara vez sufren de un desorden médico conocido. Su conducta agresiva y caótica generalmente dura poco y desaparece cuando se elimina el estrés que precipitó el ataque. Se calcula que casi el 14% de la población de la Isla ha tenido ataques de nervios en algún momento de sus vidas.

En su libro *The Puerto Rican Syndrome* (Nueva York: Other Press, 2003), la psicoanalista argentina residente en Estados

Unidos, Patricia Gherovici, traza el surgimiento del término a la década de 1950. Durante la Guerra de Corea, los médicos del ejército estadounidense acuñaron esa expresión para referirse a una serie de conductas extrañas presentadas por soldados boricuas, incluyendo alucinaciones, convulsiones, amnesia, pánico, coraje y angustia. Dichos síntomas se observaron en miles de pacientes admitidos a hospitales de veteranos en San Juan y Panamá en esa época. Ninguno tenía daño neurológico u otra lesión corporal como resultado de su experiencia de combate.

Desde entonces, psiquiatras, psicólogos y antropólogos han debatido las causas, el diagnóstico y el tratamiento apropiados para los ataques de nervios. Aún no se ha identificado ninguna base orgánica específica; ni siquiera se ha llegado a un acuerdo sobre cómo clasificarlos. Los ataques de nervios aparecen actualmente como uno de los "síndromes dependientes de la cultura" en el manual oficial de diagnóstico psiquiátrico, el DSM-IV revisado.

Algunos especialistas, como Lewis-Fernández, consideran al ataque de nervios como un trastorno disociativo, donde la persona experimenta una separación temporal de sus emociones y su conciencia. Gherovici lo entiende como un caso clásico de histeria: la conversión de disturbios emocionales en síntomas físicos que simulan una enfermedad. Otros lo clasifican como un desorden de ansiedad o esquizofrenia. Y aún otros piensan que no encaja en ninguna casilla psiquiátrica convencional. ¿Cómo "curar" una "enfermedad" mental con orígenes desconocidos y síntomas misteriosos?

Finalmente, vale la pena preguntarse cuán puertorriqueño es "el síndrome puertorriqueño". Los estudiosos han documentado que los ataques de nervios son comunes entre varios grupos latinos como los dominicanos, colombianos y mexicanos. De ahí que pueda postularse que padecer de "los nervios" es una respuesta apropiada culturalmente a situaciones traumáticas en muchos países hispanoamericanos. Como apunta Gherovici, la etiqueta de "síndrome puertorriqueño" le achaca injustamente a la cultura boricua un serio déficit de salud mental. Más bien, los ataques de nervios dramatizan los sufrimientos individuales producidos por múltiples problemas colectivos, como el colonialismo, la pobreza, el desempleo y el machismo. Aunque tales problemas también existen fuera de la Isla, quizás aquí sean más extensos e intensos que en otros lugares.

HABLAR RARO

Estudiando en Berkeley, conocí a Victoria Párraga, una española de origen vasco. Durante nuestra primera conversación, dije algo que no entendió. Entonces surgió una discusión amistosa sobre la manera "correcta" de hablar español. En algún momento, Victoria me cuestionó: "Joder, ¿pero quién conquistó a quién?" Atragantándome una cerveza, le contesté: "Ustedes nos conquistaron, pero nosotros descendemos de los conquistadores y ustedes de los que se quedaron allá".

Éste no fue un incidente aislado. En aquella época, trabajaba como asistente de cátedra en el Departamento de Español y Portugués de la Universidad de California. Durante una orientación pedagógica, nos llamaron aparte a los caribeños, especialmente puertorriqueños, cubanos y panameños. Nos pidieron que habláramos más despacito, pronunciando todas las letras y sin usar expresiones idiomáticas regionales en nuestras clases de idioma. Nuestro supervisor, un profesor brasileño, irónicamente hablaba castellano como tercer idioma (después del portugués y el catalán). No recuerdo que trataran igual a españoles, mexicanos o ecuatorianos.

¿De dónde viene esa idea común —tanto en círculos académicos como en medios populares— de que los puertorriqueños "hablan raro"? ¿A qué se debe el desprecio peninsular por los dialectos antillanos del español? ¿Por qué muchos latinoamericanos sienten que su "acento" es superior al nuestro? Una de las razones es que el dialecto boricua supuestamente está más "contaminado" por el inglés que otras variantes del español. Un repaso rápido de los numerosos anglicismos —como autostop, clóset, coctel, champú, chequear, ókey, parqueo, sándwich y tíquet— prevalecientes en otros países hispanoparlantes ayudaría a desmentir tal acusación. Aunque hemos tomado muchos términos prestados del inglés, nuestro vernáculo sigue siendo fonética y gramaticalmente hispánico.

Otra causa del desdén hacia el español puertorriqueño es el prejuicio de raza y clase. Muchas características típicas del lenguaje coloquial insular (como aspirar las eses o sustituir la erre por la ele) se asocian con poblaciones negras, pobres, analfabetas y campesinas. En Puerto Rico, sin embargo, tales rasgos lingüísticos se han difundido ampliamente entre diversos estratos sociales. Asimismo, empleamos comúnmente muchas palabras de origen africano como candungo, cocolo, chango, fufú, jurutungo, mofongo y mongo.

El lingüista Ángel Rosenblat planteó jocosamente que los contrastes básicos en el español americano podían reducirse a la dieta. En las zonas caribeñas y costeras del Atlántico (como República Dominicana, Venezuela y Argentina), solemos comernos las consonantes (como las des y erres entre vocales). Mientras tanto, los habitantes de las tierras altas continentales (especialmente México, Perú y Colombia) tienden a comerse las vocales (como las oés en "patroncito"). Esa segunda vertiente se acerca más a la norma culta del castellano y tiene mayor prestigio que la primera.

El llamado español atlántico se originó principalmente en el sur de España, especialmente en Andalucía. Según Manuel Álvarez Nazario, muchos vocablos coloquiales boricuas — incluyendo expresiones indispensables como chola, desinquieto, ¡fo!, gago, guagua, guaracha, mollero y sancocho— pueden trazarse a los inmigrantes canarios asentados aquí desde principios de la colonización española. Además, la lengua criolla incorporó selectivamente los aportes de taínos, africanos y otros grupos étnicos. El resultado de esa intensa mezcla es nuestro idioma actual. Entonces, ¿quién conquistó a quién? Quizás la pregunta está mal hecha, porque el legado hispánico no se transplantó mecánicamente a las Américas. Acá desaparecieron el pronombre vosotros, el sonido de la zeta y numerosos giros propios del castellano, así como también el gallego, el catalán y el vasco. Después de la independencia de casi todos los países latinoamericanos (menos Puerto Rico), sus diferencias dialectales se acentuaron. "Hablar raro" no es propiedad exclusiva de los puertorriqueños; todos tenemos "acentos" al comparar nuestra entonación, pronunciación y vocabulario con los de otros pueblos iberoamericanos. Finalmente, no hay razones lingüísticas ni pedagógicas convincentes para enseñar un español estándar (valga el anglicismo), que pocos hablan diariamente, excepto algunos locutores de televisión hispánica en Estados Unidos. Eso sí que suena raro.

CUESTIÓN DE IDIOMA

En Puerto Rico se ha debatido intensamente cuál debe ser el idioma oficial. Por eso conviene revisar algunos datos estadísticos sobre las prácticas lingüísticas de los puertorriqueños. Según el censo del 2000, más de medio millón de personas —el 14.4% de la población insular— hablaba sólo inglés en sus casas. (El 85.4% hablaba español.) En Puerto Rico, los angloparlantes son primordialmente los llamados *nuyoricans*, es decir, los migrantes de retorno y sus descendientes nacidos en Estados Unidos; los inmigrantes estadounidenses y los que asisten a colegios privados donde se enseña principalmente en inglés.

Aunque los datos censales no sean totalmente confiables, apuntan hacia una creciente cantidad de boricuas cuya primera lengua no es el español. Añádase a este cuadro que la mayoría de los inmigrantes en Estados Unidos usa el inglés a diario, y se tendrá una idea de sus serias implicaciones para repensar si ser puertorriqueño es (sólo) cuestión de idioma, como ha planteado tradicionalmente el discurso nacionalista en la Isla.

El censo también revela que la proporción de la población que habla inglés en Puerto Rico ha aumentado rápidamente desde principios del siglo XX. En 1910, apenas el 3.6% de los puertorriqueños hablaba inglés; para 1950, la proporción incrementó al 26.1% y, en el año 2000, el 61.4% de la población dijo que hablaba inglés. Aunque esta última cifra puede lucir exagerada, confirma que la mayoría de los puertorriqueños está expuesta a la lengua inglesa, especialmente a través de los medios de comunicación masiva. No obstante, más de la mitad de las personas enumeradas en el censo del 2000 admitió que no hablaba inglés o que lo hablaba mal. Después de 100 años de presencia estadounidense en la Isla, el idioma inglés sigue siendo "el difícil" para miles de boricuas. El bilingüismo es un ideal al que aspiran muchos, pero pocos logran.

¿Por qué la mayoría de los puertorriqueños no aprendió a hablar inglés durante los primeros 50 años del siglo XX, cuando era el idioma oficial de instrucción pública? La imposición colonial del inglés como parte de la campaña de americanización no logró desplazar al español por varias razones. Primero, la inmigración estadounidense en la Isla siempre fue limitada numéricamente y en su influencia lingüística y cultural sobre la población local. Segundo, el predominio del español en la Isla hace innecesario el uso del inglés en la vida diaria de la mayor parte de la gente. Tercero, la resistencia a abandonar la lengua materna y sustituirla por otra ajena convirtió al español en un símbolo clave de la identidad nacional en Puerto Rico. Por último, las estrategias pedagógicas utilizadas para enseñar el inglés como si fuera la lengua vernácula de los estudiantes han fracasado rotundamente.

Queda claro que el inglés es todavía un idioma minoritario y secundario en Puerto Rico, aunque un número cada vez mayor de personas pueda entenderlo y leerlo (pero no necesariamente hablarlo y escribirlo con fluidez). Este hecho sugiere que el español seguirá siendo el principal medio de comunicación en la Isla, con o sin aprobación oficial. El gran reto es reconciliar el cultivo de la lengua materna de la mayoría de los puertorriqueños, el español, con la adquisición de una segunda lengua, el inglés, que domina actualmente el mundo.

ANALFABETOS BILINGÜES

Cuando estaba en séptimo grado, me pusieron en un salón de clases "continental". Ese término no se refería a un tipo de desayuno ni a una línea aérea, sino a los hijos de gerentes estadounidenses, usualmente de paso por la Isla, y algunos que habíamos salido bien en el examen de entrada en inglés. No me gustaba estar en el grupo de "los gringos" y "los jinchos" porque teníamos fama de estofones y casi siempre perdíamos los torneos de pelota y baloncesto. Además, todas las clases se dictaban en inglés, menos la de español. Recuerdo cuán difícil se me hacía estudiar matemáticas y ciencias, porque tenía que traducir los conceptos básicos del inglés al español.

Ahora que tengo una hija universitaria y un hijo en edad escolar y me gano la vida como profesor universitario, me pregunto por esa manía de enseñar en un idioma extranjero para la gran mayoría de los puertorriqueños. En particular, ¿por qué tantos maestros prefieren asignar libros de texto en inglés, habiendo fuentes de referencia, actualizadas y equivalentes, en español? Esta dudosa práctica pedagógica es muy común desde los niveles escolares elementales hasta los universitarios. Sé que en ciertas materias científicas y técnicas, como la física o la contabilidad, las mejores obras se editan generalmente en la lengua de Shakespeare. También reconozco que las revistas especializadas, las ponencias en conferencias profesionales y otros medios de difusión utilizan mayormente el inglés. No obstante, frecuentemente pueden identificarse materiales educativos pertinentes, incluyendo las traducciones, para cubrir los mismos temas de manera satisfactoria. ¿Por qué, pues, descansar en la lengua inglesa como modo exclusivo de trasmitir conocimientos? ¿O es que sólo se puede pensar, escribir e investigar en inglés?

En las ciencias sociales abundan los recursos impresos, audiovisuales y electrónicos en la lengua vernácula de los puertorriqueños. Existen numerosos libros, artículos, capítulos, documentales y páginas de la red en español para la mayoría de los cursos introductorios y muchos avanzados en antropología, sociología, psicología e historia, por sólo mencionar algunas disciplinas. Pero las lecturas en inglés suelen predominar e incluso monopolizar nuestros cursos (y aquí me incluyo también), aun cuando muchos de los textos podrían encontrarse fácilmente en español. Esta costumbre produce la extraña situación de que las conferencias, discusiones, informes, exámenes y asignaciones de nuestras clases se dan normalmente en español, mientras nuestras fuentes primarias de información están redactadas en inglés.

La experiencia confirma que la táctica guerrillera de "sumergir" a los pupilos en un idioma que no conocen bien puede "ahogarlos" intelectualmente. Muchos desarrollan alergia a ciertas asignaturas, como el cálculo o la química, en parte porque no captan adecuadamente los términos, procedimientos y resultados explicados en inglés. Añádase la resistencia popular a hablar "el difícil" por razones históricas y políticas, y quedará claro que la magnitud del problema rebasa el ámbito estrictamente pedagógico. Quizás aquí resida una de las claves para entender por qué la gran mayoría de los estudiantes puertorriqueños —incluso los universitarios— no domina ni el inglés ni el español, según las últimas pruebas de aprovechamiento académico. El principal resultado de los esfuerzos fallidos por imponer la enseñanza del inglés en las escuelas públicas y privadas del país irónicamente ha sido producir miles de "analfabetos bilingües". Habrá que buscar estrategias más efectivas para promover el aprendizaje de ambos idiomas sin atragantarles una dieta "continental" a nuestros alumnos.

LA NACIÓN TAÍNA

¿Cómo explicar el resurgimiento contemporáneo de las raíces indígenas de la cultura puertorriqueña? Durante décadas, los intelectuales nacionalistas se han apropiado de las imágenes taínas como emblemas de la identidad cultural, literal y figurativamente como la "primera raíz" de la puertorriqueñidad. Muchos estudiosos han continuado una larga tradición indigenista iniciada en la literatura de ficción, no sólo en Puerto Rico, sino también en República Dominicana y en Cuba. Más aún, el legado taíno se ha canonizado a través de numerosas instituciones auspiciadas por el Estado Libre Asociado, tales como museos, monumentos, festivales, concursos, artesanías y publicaciones. Finalmente, el creciente atractivo del nacionalismo cultural —a diferencia del separatismo político— en la Isla así como en la diáspora se debe en gran medida a la popularidad de la iconografía taína, junto con el componente central de origen hispánico. La institucionalización del imaginario taíno ha venido acompañada de su comercialización a través de la venta de camisetas con impresos de petroglifos, la fabricación masiva de cemíes para el turismo, las campañas de publicidad para diversos artículos y hasta el desarrollo de sitios de Internet que mercadean réplicas de objetos con motivos indígenas.

A tono con el discurso dominante sobre la identidad nacional, los museos puertorriqueños han definido al patrimonio histórico primordialmente como el legado colonial español y secundariamente como la tradición indígena precolombina. Desde mediados de la década de 1950, la metáfora de las tres raíces —la taína, la española y la africana— ha organizado buena parte de la representación dominante de la identidad nacional, gracias a la iniciativa de prominentes intelectuales y artistas vinculados al Instituto de Cultura Puertorriqueña. La adopción del nacionalismo cultural como ideología oficial del Estado Libre Asociado ha tenido un enorme impacto sobre el reavivamiento del legado taíno en la Isla y en el exterior. Varios museos (incluyendo los Centros Ceremoniales Indígenas de Caguana y Tibes) están dedicados exclusivamente al tema indígena. Otros, como el Museo de Historia, Antropología y Arte de la Universidad de Puerto Rico, tienen importantes colecciones de artefactos precolombinos. En cambio, sólo existe un museo especializado en la herencia africana en el Viejo San Juan, el Museo de Nuestra Raíz Africana, auspiciado por el Instituto de Cultura Puertorriqueña. Además, el Museo de las Américas tiene una exposición permanente sobre culturas africanas. También está el Museo de la Mujer y el Hombre Negro en Humacao.

La conmemoración del legado indígena ha tenido resultados mixtos. Por un lado, ha promovido el estudio, aprecio y divulgación de diversas tradiciones culturales, incluyendo la taína. La búsqueda de raíces indígenas ha ampliado la visión histórica de la cultura puertorriqueña antes de la llegada de los españoles a la Isla. El uso popular de términos de origen arahuaco como Borinquen, borinqueño, borincano y boricua sugiere que muchos puertorriqueños se identifican (aunque quizás superficialmente) con sus antepasados precolombinos.

Por otro lado, la imagen dominante de la nación puertorriqueña como una mezcla armoniosa de tres razas y culturas silencia los conflictos internos y las desigualdades sociales entre los indios, españoles y africanos que poblaron la Isla. Desgraciadamente, buena parte de la idealización del pasado indígena ha conllevado la denigración de la "tercera raíz", como se conoce comúnmente la cultura africana en Puerto

Rico. De ahí que muchos puertorriqueños de piel oscura prefieran definirse como "indios" en vez de "negros". Más difícil de entender es por qué algunos descendientes de inmigrantes boricuas en Estados Unidos, especialmente en Nueva York y Nueva Jersey, se sienten parte de una *Taíno nation* más que de la diáspora puertorriqueña.

CUBARRIQUEÑO

Desde niño, me perturbaba la constante pregunta, "¿de dónde eres?" Generalmente contestaba: "Nací en Cuba, pero me crié en Puerto Rico". Pero esa respuesta nunca precisaba a qué país me sentía más ligado, cuestión que se hacía urgente periódicamente, como cuando el equipo boricua de baloncesto o pelota se enfrentaba al cubano. Aún tengo que pensarlo dos veces cuando veo las banderas de ambos países, con su idéntico formato y colores invertidos, antes de decidir cuál es cuál.

He intentado armar el rompecabezas de mis lealtades divididas manteniendo contacto con mi familia en Cuba. Desde 1981, he regresado más de diez veces a La Habana, la ciudad donde nací y de la que salí a los tres años, y una vez a Santiago, donde nació mi padre, el único sitio donde mucha gente sabe escribir nuestro apellido con i griega al final. Al principio me sentí como un hijo pródigo, gracias al caluroso recibimiento de mis numerosos parientes en la isla. Con el tiempo, me he distanciado emocionalmente de Cuba porque sé que no podría vivir allí. Me siento más a gusto en Puerto Rico, donde he pasado la mayor parte de mi vida y donde he establecido mi propia familia. Ahora prefiero decir que "vivo en Puerto Rico, pero mis padres eran cubanos".

El haber nacido en Cuba, haberme criado en Panamá y en Puerto Rico, y haber estudiado y trabajado en Estados Unidos me han marcado indeleblemente. Un resultado de estas múltiples mudanzas ha sido un incesante flujo idiomático a lo largo de mi vida. El español siempre ha sido la lengua dominante en casa, pero aprendí el inglés desde la escuela elemental y ahora lo leo y escribo a diario. El español es el medio primario para expresar mis pensamientos y sentimientos más íntimos, mientras el inglés me resulta más académico y profesional. Supongo que este desfase lingüístico es parte integrante de la vida de muchos latinos en Estados Unidos, así como una señal de hibridez cultural.

Ser hijo de inmigrantes me ha llevado a escudriñar obsesivamente el dilema de la identidad, especialmente cuando las fuentes de esa identidad están fragmentadas. Regresar a Cuba, aunque sea infrecuentemente y por estadías cortas, me ha ayudado a recuperar mi sentido de integridad y conexión con mi país natal, primera infancia y familia dispersa.

La última carta que le envió mi madre, ya muy enferma, a su hermano mayor en Cuba está fechada el 31 de diciembre de 1994, más de 34 años después que salimos de La Habana. Como ya no podía escribir bien, Mami me dictó la siguiente oración para que la pasara a la computadora: "Gracias a Dios, Jorge logró el viaje a Cuba, que era su gran ilusión, y así tendremos la oportunidad de vernos a través de él". Cuando mi madre murió cuatro meses más tarde, sentí que me había convertido en el principal enlace entre mis parientes en Cuba y en el exterior —que ahora tendrían que "verse" a través de mí, que me tocaría reparar los lazos familiares tronchados a raíz de la Revolución Cubana hace cinco décadas.

Sentí un gran peso al heredar el papel de mi madre como guardián de esos frágiles vínculos, que deben reanudarse continuamente a través de varias generaciones, largas distancias y diferencias ideológicas. Como muchos migrantes que he conocido en mis investigaciones, para mí es indispensable mantener conexiones emocionales, familiares y culturales con mi país de origen. Volver a La Habana cada cierto tiempo es una manera de no quemar los puentes a "casa". Aunque probablemente nunca regresaré a vivir allí, hubiera querido reclamar, como el poeta exiliado Heberto Padilla, que siempre he vivido en Cuba. En cambio, casi siempre he vivido en Puerto Rico y ya no puedo ser otra cosa que cubarriqueño.

NACIONALIDAD CONTRA CIUDADANÍA

Durante un viaje familiar a Cuba en julio de 2009, me tocó llenar un formulario de inmigración del gobierno cubano en el aeropuerto de Miami. El documento me interrogaba sobre mi nacionalidad e inmediatamente después sobre mi ciudadanía. Para evitar complicaciones, contesté "EE.UU." en ambos renglones, tanto en mi planilla como en las de mi familia. Al llegar a La Habana, una funcionaria del Ministerio de Salud Pública tachó mi respuesta a la primera pregunta y escribió "Cuba" porque mi esposa y yo nacimos allí. A mis hijos, que nacieron aquí, les cambió mi contestación original por "Pucrto Rico".

Pasando por la aduana, me cuestionaron si había algún "cubano" en mi grupo familiar. Contesté instintivamente que no y casi nos dejaron salir sin más indagaciones, quizás por mi cara de gringo, cuando mi esposa señaló que era cubana. Entonces nos pesaron las maletas a ambos (pero no a mis hijos boricuas) en un carrito metálico. Afortunadamente, no tuvimos que pagar sobrepeso por el equipaje.

Antes de dictar una conferencia sobre migración caribeña en Casa de las Américas, comenté que había nacido en Cuba, me crié en Panamá, vivía en Puerto Rico y era ciudadano estadounidense. Aún así, las reseñas de mi charla insistieron en describirme como "especialista puertorriqueño" en asuntos migratorios.

La disyuntiva entre nacionalidad y ciudadanía me acosó durante toda una semana de estadía en La Habana. Como el gobierno cubano nos había otorgado visas familiares a mi esposa y a mí, podíamos quedarnos en casa de mis parientes. Pero mis hijos debían pagar un impuesto de 10 CUC (la moneda convertible cubana, equivalente a poco más de un dólar estadounidense) por ese derecho, porque tenían visas turísticas.

Durante una excursión "para cubanos" a la ciudad de Trinidad, paramos en un delfinario donde se cobraba la entrada en dos precios: 10 pesos cubanos o 10 CUC (alrededor de 250 pesos cubanos). Como "turistas", nos correspondía pagar en CUC, aunque una cubana residente en Italia se las arregló para utilizar moneda nacional.

En La Habana Vieja, un individuo se acercó a mi esposa para venderle un recorrido en un carruaje de caballos. Ella le dijo que no y, cuando el tipo me hizo la misma propuesta, mi esposa añadió: "Él también es cubano, chico". Indignado, el vendedor recalcó que su trabajo era hacerles ofertas a los turistas, chico. Por lo visto, no podía creer que yo fuera cubano por mi cara pálida. En ese mismo lugar, otro vendedor nos cobró el doble (dos CUC) del precio anunciado en su carrito por un vaso plástico de granizado (piragua).

Finalmente, visitamos el Museo Nacional de Bellas Artes, donde también cobraban en dos monedas. Un primo, que vive en Cuba, convenció a la empleada del museo de que mi esposa e hija eran de allí. Como menor de edad, mi hijo entraba gratuitamente. Pero yo —declaró la empleada apuntándome con un dedo— era "extranjero" y debía pagar en CUC. Como no tenía el carné de identidad que cargan todos los ciudadanos cubanos, acaté su implacable veredicto.

Tales anécdotas ilustran la escurridiza distinción entre nacionalidad y ciudadanía. Para propósitos legales, soy ciudadano estadounidense, no importa dónde haya nacido. Para el gobierno cubano, nunca perderé mi nacionalidad, no importa mi ciudadanía. Al mismo tiempo, como "residente en el exterior", ocupo una ambigua categoría entre nativo y turista. Como vivo en Puerto Rico desde niño, hablo español con un acento caribeño distinto al habanero, más afín al santiaguero o al guantanamero. En el transcurso de una semana, al relacionarse conmigo, diferentes personas apelaron sucesivamente a mi origen cubano, pasaporte estadounidense, visa familiar, domicilio extranjero, dejo boricua y pinta de gallego. Por suerte, mis parientes siempre me han hecho sentir en casa, como si nunca me hubiera ausentado de "mi tierra".

UN MIME EN LA LECHE

Que si su apellido se pronuncia (en inglés) "so-toe-my-OR". Que si salvó al béisbol organizado de una huelga prolongada. Que si come arroz con gandules, morcillas y cuchifritos. Que si prefiere la música de merengue y bolero. Que si se graduó de un colegio católico pero no va a misa semanalmente. Que si es boricua, hispana o estadounidense. Que si favorece la independencia o la estadidad para Puerto Rico. Que si es extremadamente radical o moderadamente liberal. Que si fue "la perfecta bebé de la acción afirmativa" porque entró en universidades de caché. Que si supuestamente formó parte del Ku Klux Klan latino. Que si no se opuso "suficientemente" al "terrorismo" de algunos grupos nacionalistas puertorriqueños. Que si falló contra bomberos blancos (y un hispano) que alegaron "discriminación inversa". Que si perteneció a un club exclusivo de "mujeres influyentes". Que si insinuó que las mujeres latinas saben más que los varones blancos.

Tales controversias (algunas incendiarias) subyacieron a las audiencias del Senado estadounidense sobre la confirmación de la jueza Sonia Sotomayor al Tribunal Supremo, en julio de 2009. Al ser designada, Sotomayor se convirtió en la primera puertorriqueña, la primera hispana, la tercera mujer y la sexta católica en incorporarse al máximo cuerpo judicial estadounidense. La batalla política por su nominación tuvo poco que ver con sus extraordinarias credenciales académicas y experiencias profesionales: graduada con honores de Princeton, editora de la revista jurídica de Yale, asistente de fiscal de distrito, abogada corporativa, socia de un bufete, jueza del tribunal federal de apelaciones. Más bien se trataba de escudriñar sus opiniones sobre asuntos espinosos como el aborto, la pena de muerte, el derecho a portar armas, el matrimonio entre homosexuales y las cuotas raciales. En el fondo, estaba en cuestión su identidad nacional. Nacida en el Bronx de padres puertorriqueños emigrados a Estados Unidos durante la década de 1940, Sotomayor se ha identificado personalmente como "*newyorkrican*". Se crió en un residencial público, dentro de una familia encabezada por su madre, Celina, quien ingresó al ejército estadounidense, trabajó como operadora telefónica y posteriormente se hizo enfermera. Su padre, Juan Luis, era un obrero de fábrica con sólo tres años de educación, no sabía inglés y murió cuando ella tenía nueve años. Ella aprendió primero a hablar español en casa y luego inglés en la escuela. Durante los veranos visitaba a sus parientes en la Isla —especialmente en Mayagüez y Lajas— y aún mantiene contacto con ellos. En Princeton, fue codirectora del grupo estudiantil Acción Puertorriqueña. Siempre ha proclamado orgullosamente sus raíces étnicas.

La pregunta clave era si el Senado estaba listo para respaldar a una mujer de extracción humilde, latinoamericana y católica para el Tribunal Supremo. Este foro judicial, así como otras altas esferas políticas, económicas y culturales, ha estado dominado tradicionalmente por hombres blancos protestantes de origen anglosajón —conocidos popularmente como WASPs. Sin embargo, la población estadounidense es cada vez más diversa en términos raciales, étnicos, lingüísticos y religiosos. Al ser confirmada, Sotomayor será como un mime en la leche: un elemento extraño dentro de una élite mayormente blanca. Ojalá su nombramiento contribuya a ensanchar la cúpula de la nación estadounidense.

La migración
transnacional

LA NACIÓN EN VAIVÉN

Puerto Rico es cada vez más una nación en vaivén: un país cuyos bordes son cruzados incesantemente por migrantes que van y vienen de la Isla. Desde 1940, más de un millón y medio de residentes de la Isla se han mudado a los Estados Unidos continentales. Al mismo tiempo, Puerto Rico ha recibido a cientos de miles de inmigrantes desde la década de 1960, principalmente migrantes de retorno y sus descendientes nacidos en el exterior, así como ciudadanos de otros países, sobre todo República Dominicana y Cuba. Pocos países de la región caribeña —o del mundo entero— han experimentado desplazamientos tan masivos de su población en tan poco tiempo. La diversidad de los orígenes y destinos de los migrantes socava las premisas ideológicas de los discursos tradicionales de la nación, basados en la ecuación entre territorio, lugar de nacimiento, ciudadanía, idioma, cultura e identidad.

El éxodo puertorriqueño adquirió proporciones masivas durante los años cuarenta, llegó a su punto máximo durante los cincuenta, declinó en los sesenta y recobró fuerza en los ochenta del siglo pasado. La diáspora boricua contemporánea rivaliza con la que ocurrió inmediatamente después de la Segunda Guerra Mundial. Entre 1990 y 1999, la Junta de Planificación calculó la emigración neta en 325,875 personas, comparadas con 460,829 personas entre 1950 y 1959. Prácticamente, uno de cada trece habitantes de la Isla se mudó al continente norteamericano durante la década de 1990.

Aunque el éxodo al continente se ha acelerado, la inmigración a la Isla continúa sin tregua. Entre 1990 y 1998, según cálculos de la Junta, Puerto Rico recibió a 144,528 migrantes de retorno. Más aún, miles de personas han realizado múltiples movimientos entre la Isla y el continente. En una encuesta realizada en 1998, encontré que casi el 20% de los entrevistados había vivido afuera y regresado a la Isla, mientras que otro 3% había ido y vuelto por lo menos dos veces. En síntesis, la migración puertorriqueña se parece más a un movimiento circular o de "puerta giratoria" que a una relocalización unilateral y permanente de personas.

Entre 1945 y 1965, la estrategia de desarrollo industrial de Puerto Rico expulsó a casi medio millón de personas, especialmente trabajadores agrícolas, primordialmente hacia ciudades estadounidenses que requerían mano de obra barata, como Nueva York, Chicago y Filadelfia. Más recientemente, los puertorriqueños han tendido a mudarse afuera cuando las oportunidades de empleo parecen más atractivas en el exterior y a regresar cuando las condiciones económicas mejoran en la Isla. Hoy en día, mucha gente va y viene en busca de trabajo, mejores salarios y estándares de vida, así como para reunirse con sus familiares, estudiar o retirarse en la Isla o en el continente. La diáspora boricua ha adquirido un carácter autosostenido, facilitado por la ciudadanía estadounidense, la transportación aérea y los lazos sociales extendidos.

Los puertorriqueños constituyen actualmente uno de los grupos más desaventajados en Estados Unidos. La mayoría de los indicadores socioeconómicos los coloca en los peldaños más bajos de la estructura social estadounidense, por debajo de los afroamericanos y otros hispanos como los mexicanos y cubanos. Según el censo de 2000, entre los principales grupos étnicos y raciales, los boricuas en el exterior tienen las tasas más altas de desempleo, pobreza y hogares encabezados por mujeres, así como bajos niveles de ingreso, aprovechamiento educativo y prestigio ocupacional.

A largo plazo, la emigración no ha sido una estrategia de desarrollo viable para Puerto Rico. Pese a décadas de un éxodo incesante, las tasas de desempleo en la Isla siguen siendo inaceptables (aun cuando llegaron a una cifra relativamente baja de 10.9% en el 2007). Los niveles de vida han decaído apreciablemente en las últimas dos décadas. Una proporción creciente de la población depende de transferencias del gobierno federal para su supervivencia, especialmente la alimentación y la vivienda. Después de la eliminación de la Sección 936 del Código de Rentas Internas, el futuro económico de la Isla luce sombrío. Como consecuencia, el éxodo hacia el continente norteamericano probablemente aumentará.

La migración masiva desde y hacia Puerto Rico indudablemente continuará en las próximas décadas. El deterioro en las condiciones de vida en la Isla intensificará la diáspora, quizás llegando a una escala comparable a la Gran Migración de la década de 1950. Al mismo tiempo, persistirán el retorno y la circulación de puertorriqueños entre la Isla y el continente. Mientras la inmigración cubana se ha detenido prácticamente, la dominicana no muestra señales de contenerse. El futuro de la población de Puerto Rico parece cada vez más transnacional en sus localizaciones geográficas y culturales. Los patrones de asentamiento de los puertorriqueños en la Isla y el continente norteamericano son más móviles que antes. El desafío crucial de la creciente dispersión de los pueblos en la diáspora es imaginar una nación en vaivén, cuyas fronteras territoriales y simbólicas son transgredidas y redibujadas constantemente por la migración.

MANOS QUE SOBRAN

Desde niños, nos enseñan que Puerto Rico es un país pequeño, superpoblado y con escasos recursos naturales. En el mapa del mundo, nuestro archipiélago parece un punto diminuto, perdido en el Océano Atlántico. Sólo en algunas fotografías tomadas desde el espacio sideral, Puerto Rico brilla por su intensa concentración de luz eléctrica. Con 1,155 habitantes por milla cuadrada en el año 2008, la Isla ocupa la posición número 27 entre los territorios más densamente poblados del mundo. Sin embargo, varios lugares con niveles superiores de vida, como Mónaco, Hong Kong o Barbados, tienen una densidad poblacional aún mayor. Inversamente, muchos países pobres, como Mongolia y Nigeria, están entre los menos hacinados. Por tanto, la superpoblación no se relaciona estrechamente con el grado de desarrollo económico.

No obstante, desde principios del siglo XX, numerosos autores han planteado que uno de los problemas fundamentales de Puerto Rico es el exceso de gente. Desde entonces se ensayaron diversas maneras de frenar la explosión demográfica, especialmente disminuyendo la tasa de natalidad. El control poblacional fue una premisa básica de la estrategia de desarrollo del Partido Popular Democrático entre las décadas de 1940 y 1960. (El sociólogo Frank Bonilla sugirió irónicamente que el programa de industrialización "Manos a la Obra" podría llamarse "Manos que Sobran".) En esa época se difundieron los métodos de planificación familiar, como la píldora anticonceptiva y el condón, junto con la esterilización y el aborto. En consecuencia, el promedio de hijos por mujer descendió abruptamente, de 5.2 hijos nacidos vivos en 1950 a 1.8 en el año 2007.

Además, el gobierno insular estimuló la emigración para aliviar las presiones demográficas y económicas. En 1915, el gobernador estadounidense, Arthur Yager, declaró que "el único remedio realmente efectivo [para la superpoblación] es la transferencia de grandes números de puertorriqueños a alguna otra región" ("Fundamental Social and Political Problems of Porto Rico", Lake Mohonk Conference). Durante las tres primeras décadas del siglo XX, los esfuerzos estatales se concentraron en promover el movimiento de trabajadores agrícolas hacia otras islas azucareras, como Hawai, República Dominicana, Cuba y las Islas Vírgenes Americanas, especialmente Santa Cruz. Después de la Segunda Guerra Mundial, la gran mayoría de los migrantes se dirigió hacia el continente norteamericano.

En 1948, el gobierno de Puerto Rico estableció el Negociado de Empleo y Migración en Nueva York, que se convirtió en la División de Migración del Departamento del Trabajo en 1951. La función oficial de esta agencia sería "seguir a sus ciudadanos migrantes para facilitarles su ajuste y adaptación a las comunidades en que decidieron vivir". Extraoficialmente, patrocinaría la exportación de la mano de obra "sobrante" de la Isla. La División cambió nuevamente de nombre en 1989, a Departamento de Asuntos de la Comunidad Puertorriqueña en los Estados Unidos, y se elevó al rango del gabinete del Gobernador. En 1993, la mayoría en la legislatura, controlada por el Partido Nuevo Progresista, eliminó el Departamento, alegando que éste representaba una intromisión de la política pública puertorriqueña en otras jurisdicciones estadounidenses.

Entonces, la antigua oficina de migración se transfirió a la Administración de Asuntos Federales de Puerto Rico (PRFAA, por sus siglas en inglés). Junto a otras agencias gubernamentales, PRFAA atravesó por una seria crisis presupuestaria entre 2004 y 2008, forzándola a cerrar varias de sus dependencias en Estados Unidos. (En agosto de 2009, sólo quedaban tres oficinas de la agencia en Washington, D.C., Nueva York y Chicago.) También convendría revaluar el viejo mito —todavía común en muchos debates públicos— de que para que un país pueda poner manos a la obra, debe deshacerse de las manos que sobran.

LOS TOMATEROS

Entre 1947 y 1990, fueron reclutados 427,604 puertorriqueños para laborar en fincas agrícolas del continente norteamericano. Éste fue el segundo mayor programa de trabajadores temporales en Estados Unidos después de los braceros mexicanos. En su momento pico, 22,902 obreros agrícolas contratados se trasladaron de la Isla al continente en 1968.

Estos anónimos pioneros de la diáspora boricua quedaron marcados en la memoria colectiva como "los tomateros", aunque sus labores no se limitaron a recoger tomates. También cosecharon tabaco en el Valle del Río Connecticut; maíz, arándanos y champiñones en el Valle del Río Delaware; fresas y repollos en Nueva York; manzanas en Nueva Inglaterra y Washington; aguacates, papas y lechugas en el sur de la Florida, y melocotones en Carolina del Sur.

Las raíces del éxodo boricua contemporáneo yacen, en gran medida, en el desplazamiento masivo de jornaleros rurales. La exportación del excedente laboral fue una de las principales políticas del gobierno insular después de la Segunda Guerra Mundial. Desde 1948 hasta 1972, el programa de trabajadores agrícolas tuvo una alta prioridad para la División de Migración del Departamento del Trabajo de Puerto Rico. Esta agencia gubernamental se concibió originalmente para identificar escaseces laborales en Estados Unidos —especialmente en la agricultura estacional, la manufactura y el servicio doméstico— y reclutar trabajadores de la Isla para satisfacer tales demandas. Según la Ley 89 de 1947, la División de Migración debía supervisar todos los contratos laborales con patronos agrícolas en el exterior.

Mientras los braceros mexicanos se concentraron en el suroeste de Estados Unidos, el grueso de los boricuas se dirigió al nordeste, primordialmente Nueva Jersey, Nueva York, Connecticut, Delaware y Pensilvania. La inmensa mayoría eran hombres jóvenes de baja escolaridad y pobre dominio del inglés. Generalmente provenían de las áreas rurales de la Isla, donde habían sido jornaleros poco calificados en las industrias del café, el tabaco y el azúcar. Los tomateros representaban desproporcionadamente a los municipios del interior montañoso, como Barranquitas, Coamo, San Lorenzo, San Sebastián y Utuado. Estos municipios experimentaron una aguda crisis económica debido al colapso agrícola y al auge manufacturero en las áreas urbanas, especialmente San Juan. Entre 1947 y 1958, los trabajadores temporales enviaron casi 292 millones de dólares a sus parientes en la Isla.

Varias comunidades puertorriqueñas surgieron como resultado del reasentamiento de trabajadores agrícolas en ciudades como Filadelfia, Lancaster, Camden, Búfalo, Hartford, Boston, Milwaukee, Detroit y Miami. En los años cincuenta del siglo pasado, las industrias manufactureras y de servicio en los centros urbanos ofrecían mejores oportunidades de empleo para los obreros boricuas, que tendían a moverse hacia las áreas metropolitanas al terminar sus contratos.

Para 1982, menos de 4,000 puertorriqueños participaron en el programa de trabajadores agrícolas. Desde entonces, otros grupos de inmigrantes, sobre todo mexicanos, guatemaltecos y jamaicanos, fueron sustituyendo a la mano de obra puertorriqueña en las granjas estadounidenses. Menos del 1% de los boricuas en Estados Unidos labora actualmente en la agricultura.

No obstante, los tomateros trazaron uno de los circuitos migratorios más recorridos entre la Isla y el continente norteamericano en la posguerra. Miles de puertorriqueños viajaron repetidamente en aviones bombarderos decomisados, sin ventanas ni asientos fijos, buscando mejor vida. El empleo estacional de trabajadores agrícolas estableció un patrón de circulación laboral entre Puerto Rico y Estados Unidos que continúa hoy en día.

Así comenzó el movimiento conocido popularmente como vaivén, el flujo de ida y vuelta que ha caracterizado a los puertorriqueños por décadas. Los tomateros protagonizaron un episodio clave de la Gran Migración que relocalizó a casi una cuarta parte de la población fuera de la Isla entre 1945 y 1965. A excepción de Irlanda a fines del siglo XIX y Surinam en el XX, pocos países han expulsado una proporción tan alta de su gente en tan poco tiempo.

LA NACIÓN EN LA DIÁSPORA

Según los cálculos del censo de 2008, más puertorriqueños viven en los Estados Unidos continentales que en la Isla. Hace falta reflexionar sobre las múltiples repercusiones económicas, políticas y culturales de este trascendental hecho demográfico.

Uno de los aspectos menos conocidos de la emigración puertorriqueña son las remesas familiares. Según la Junta de Planificación de Puerto Rico, en el año 2008, los boricuas residentes en el exterior enviaron alrededor de 385 millones de dólares a la Isla. Éste es un cálculo conservador, ya que gran parte del dinero llega por medios informales y no se reporta al gobierno. Las remesas constituyen una fuente de ingreso importante para muchas familias pobres en la Isla. A este impacto directo habría que añadir el constante flujo de capitales, trabajadores, mercancías e información en ambas direcciones, que ha creado un tupido campo transnacional de redes económicas entre la Isla y el continente norteamericano.

En cuanto a su participación cívica, la diáspora boricua en Estados Unidos ha avanzado mucho. Los tres representantes de origen puertorriqueño en el Congreso tienen una creciente influencia política, quizás mayor que el Comisionado Residente de la Isla, quien tiene voz pero no voto. Además, los boricuas han elegido a docenas de funcionarios públicos municipales y estatales, especialmente en Nueva York, Nueva Jersey, Connecticut, Illinois y Pensilvania. Las campañas de inscripción de votantes, auspiciadas por el Estado Libre Asociado, han aumentado sustancialmente la cantidad de electores boricuas en Estados Unidos. Sin embargo, los puertorriqueños residentes en el exterior todavía no pueden participar en elecciones, referendos o plebiscitos insulares. ¿Por qué no ampliar la definición de quién puede votar en Puerto Rico para incluir a la diáspora?

Por último, la emigración puertorriqueña subvierte muchas de las premisas del discurso nacionalista tradicional, particularmente sobre la cuestión del idioma. En el censo del 2000, el 64% de los puertorriqueños residentes en la ciudad de Nueva York dijo que hablaba inglés muy bien, comparado con sólo el 28% en Puerto Rico. Inversamente, el 85% de los residentes de la Isla dijo que sólo hablaba español en casa, mientras que casi el 25% de los boricuas en Estados Unidos sólo hablaba inglés. Tales estadísticas revelan una creciente brecha lingüística entre los puertorriqueños "de aquí" y los "de allá", que probablemente coincide con otras fronteras simbólicas. De ahí que sea cada vez más urgente repensar la ecuación convencional entre territorio, idioma, cultura y ciudadanía, en que se ha fundado gran parte del nacionalismo político. La persistencia de la identidad puertorriqueña en la diáspora sugiere que los lugares de nacimiento y residencia son criterios cada vez menos útiles para captar el sentido de pertenencia nacional, arraigado en el origen familiar, las prácticas culturales, las lealtades personales y los lazos emocionales.

LOS *FLORIRRICANS*

Antes todo el mundo se iba para "los niuyores"; ahora Orlando parece ser la Meca boricua. El movimiento más temprano de puertorriqueños a la Florida consistió en un puñado de propietarios agrícolas que se mudaron al área de Miami en la década de 1940. Varias familias prominentes, como los Serrallés, Roig, Ramírez de Arellano, García Méndez y Ferré, compraron grandes extensiones de terreno en la región de los Everglades, al sur del Lago Okeechobee. Allí establecieron la primera refinería de azúcar de capital puertorriqueño en la Florida. Más adelante importaron personal técnico, incluyendo ingenieros, mecánicos y electricistas, para trabajar en la Central Fellsmore. En 1947, el *Miami Herald* alabó la contribución boricua al progreso económico de esa ciudad, apuntando que muchos inmigrantes eran millonarios retirados, empresarios, médicos, dentistas, educadores y artistas.

El primer movimiento a gran escala de puertorriqueños a la Florida ocurrió bajo el programa de trabajadores agrícolas, patrocinado por la División de Migración del Departamento del Trabajo de Puerto Rico. Entre las décadas de 1940 y 1960, este programa reclutó a miles de obreros contratados por empresas agroindustriales de Estados Unidos, mayormente en el nordeste. Cientos de ellos se establecieron en el sur de la Florida, especialmente en los condados de Dade, Broward y West Palm Beach. La mayoría eran trabajadores temporales especializados en el recogido de vegetales, tales como papas, habichuelas, aguacates, maíz, tomates y lechuga. Durante el verano, muchos viajaban al norte para trabajar en las fincas y regresaban al sur durante el invierno. Para los años cincuenta del siglo pasado, la mayoría de los inmigrantes puertorriqueños en la Florida pertenecía a las clases trabajadoras. La emigración hacia el centro de la Florida se intensificó a finales de la década de 1960, cuando cientos de residentes de la Isla adquirieron propiedades cerca de Orlando, particularmente en la ciudad de Deltona en el condado de Volusia. En 1971, la apertura del primer parque de diversiones de Walt Disney en Orlando aumentó la especulación de bienes raíces, y muchos puertorriqueños de clase media hicieron inversiones lucrativas en la región. Según informes periodísticos, la primera oleada de inmigrantes consistió principalmente en personas retiradas que buscaban un estilo de vida más tranquilo y seguro en la Florida central. Más tarde, el flujo migratorio se amplió a otras comunidades boricuas en Nueva York, Nueva Jersey e Illinois. Para 1980, el censo encontró a 6,796 residentes de origen puertorriqueño en el condado de Orange, que incluye a la ciudad de Orlando.

El auge del éxodo boricua hacia la Florida central, tanto desde la Isla como desde otras partes del continente norteamericano, comenzó a mediados de la década de 1980. Para entonces, habían surgido pequeños enclaves puertorriqueños en varios condados como Volusia, Osceola y Orange. Miles se mudaron posteriormente a comunidades suburbanas como Meadow Parks en Orange y Buenaventura Lakes en Osceola, ambas desarrolladas por Landstar Homes. Entre 1990 y 2000, la ciudad de Orlando experimentó el crecimiento más rápido de la población boricua en todo Estados Unidos. Hoy en día, con más de 222,000 residentes puertorriqueños, Orlando es la segunda área metropolitana más grande para los boricuas en el continente norteamericano, después de la ciudad de Nueva York, y mayor que otros centros establecidos de la diáspora como Filadelfia y Chicago. Orlando se ha convertido en el principal destino migratorio de los puertorriqueños a principios del siglo XXI.

LA "PUERTORRIQUEÑIZACIÓN" DE LA FLORIDA

Para muchos, Miami es sinónimo de la Pequeña Habana —el barrio cubano del centro de la ciudad alrededor de la Calle Ocho, famoso por su festival musical, por su café cubano y porque allí vivió el niño balsero Elián González. Sin embargo, el censo del 2000 encontró que la mayoría de los residentes de la Pequeña Habana ya no eran cubanos, sino nicaragüenses, colombianos y otros hispanos. La diversificación étnica de la población latina se repite en otros sectores de la ciudad, el estado de la Florida y el resto de Estados Unidos. En la Florida, los puertorriqueños son el segundo grupo hispano más numeroso después de los cubanos. Entre 1990 y 2000, el número de boricuas en ese estado casi se duplicó, de 247,010 a 482,027 personas. Más puertorriqueños viven actualmente en la Florida que en Nueva Jersey e, incluso, que en el municipio de San Juan.

Las estadísticas censales muestran tres patrones básicos de asentamiento de los boricuas en la Florida. El grueso de éstos (casi 294,000 en el año 2008) se concentra en el centro del estado, especialmente en los condados de Orange y Osceola, cerca del área metropolitana de Orlando. En algunos sectores de Osceola, como Kissimmee, los puertorriqueños representan hasta el 44% de todos los residentes. El segundo enclave boricua se encuentra en el sur de la Florida, particularmente en los condados de Miami-Dade y Broward, donde viven más de 195,000 puertorriqueños. Sin embargo,

Miami no ha desarrollado un Pequeño San Juan parecido a la Pequeña Habana. Según el censo del 2000, en el área de Wynwood, conocida antiguamente como "el barrio puertorriqueño", apenas el 18% de los residentes era de origen boricua. Una tercera concentración geográfica ha surgido en la costa oeste de la Florida, alrededor de la bahía de Tampa. En el condado de Hillsborough, que incluye a Tampa, viven más de 79,000 boricuas. Allí, al igual que en Orlando, los puertorriqueños constituyen la mayoría de los hispanos.

Aunque el crecimiento demográfico y la distribución geográfica de los boricuas en la Florida están bien documentados, se conoce poco acerca de su trasfondo socioeconómico. Informes periodísticos sugieren por lo menos dos grandes oleadas migratorias durante la década de 1990. Por un lado, miles de puertorriqueños se mudaron a la Florida desde el nordeste y medio oeste de Estados Unidos, especialmente desde la ciudad de Nueva York. Según los informes periodísticos, este grupo es predominantemente de clase baja, con un promedio de escolaridad secundaria, muchos de ellos nacidos y criados en Estados Unidos, mayormente anglohablantes. Por otro lado están los que inmigraron directamente de la Isla, muchos de ellos profesionales de clase media, con un título universitario, frecuentemente bilingües en español e inglés. El encuentro —o desencuentro— entre estos dos grupos, los llamados *nuyoricans* y los isleños, es una de las claves para la organización de la comunidad boricua en la Florida.

Una encuesta de los miembros de la Asociación de Profesionales Puertorriqueños del Sur de la Florida (PROFESA), realizada en el 2001, arroja luz sobre las características de la segunda oleada migratoria. Aunque dos terceras partes de los encuestados habían nacido en la Isla, llevaban un promedio de 17 años viviendo en Estados Unidos, 8 de ellos en el sur de la Florida. Casi la mitad (46%) se había graduado de la universidad y había continuado estudios posgraduados. Más de la mitad (52%) tenía ingresos familiares anuales de $80,000 o más. La mayoría eran profesionales (29%) como médicos y abogados, o ejecutivos y administradores (28%), incluyendo contables y propietarios de negocios. La inmensa mayoría (84%) hablaba inglés y español en el hogar y viajaba a Puerto Rico por lo menos una vez al año (87%).

La comunidad puertorriqueña en el centro y sur de la Florida tiene un enorme potencial cultural y político. Aunque los cubanos siguen dominando la política electoral y la economía hispana en Miami, tendrán que negociar mayores espacios de participación cívica con otros grupos de inmigrantes, tales como puertorriqueños, colombianos, nicaragüenses, dominicanos y venezolanos. La creciente diversidad de la población latina significa que ningún grupo étnico podrá imponer sus prácticas culturales como lo hicieron los cubanos en Miami en las últimas tres décadas. El español hablado en el estado es una mezcla cada vez mayor de distintos acentos caribeños, centroamericanos y suramericanos. Un fenómeno similar está ocurriendo en otras expresiones populares de la cultura latina, como la música, la religión o la comida. Por ejemplo, varios de los reyes del Festival de la Calle Ocho han sido cantantes boricuas, como Olga Tañón, Elvis Crespo, Carlos Ponce y Gisselle.

La "puertorriqueñización" de la Florida no se limita a la música comercial ni a la industria del entretenimiento. La demanda de personal bilingüe en educación, salud y otros servicios públicos también ha aumentado como resultado de la continua inmigración de Puerto Rico y otros países de América Latina. En la Florida central, la Cámara de Comercio Hispana tiene un gran número de empresarios boricuas. El grado de integración —o segregación— entre los diversos grupos inmigrantes determinará en buena medida si surge una identidad latina más allá de cada origen nacional. Finalmente, el sentido de desplazamiento físico y cultural de la población no hispana, tanto blanca como negra, podría intensificar las fricciones étnicas y raciales, así como el éxodo de los anglos hacia áreas residenciales menos pobladas por hispanos, como Fort Lauderdale o West Palm Beach.

El impacto político de la migración puertorriqueña hacia la Florida todavía está por medirse. Es bien conocido que la gran mayoría de los boricuas en Estados Unidos vota por el Partido Demócrata. En una población hispana dominada por cubanos republicanos, la creciente presencia puertorriqueña podría contribuir a redibujar el mapa electoral de la Florida e, incluso, de la nación estadounidense. En las elecciones presidenciales del 2000, tan disputadas en ese estado, más del 60% de los votantes boricuas favoreció al candidato demócrata Al Gore sobre el republicano George W. Bush. En el 2004, los puertorriqueños en la Florida apoyaron al senador demócrata John Kerry por un margen aún mayor. En el 2008, la mayoría ayudó a elegir al presidente Barack Obama.

Sin embargo, el *boom* demográfico boricua todavía no se ha traducido en una representación política proporcional a sus números. En el sur de la Florida, la dispersión territorial de los puertorriqueños milita contra la creación de un distrito electoral aparte. En Miami, el voto boricua no puede competir con el poderoso bloque cubano, según demostró la victoria del cubano Manny Díaz sobre el candidato puertorriqueño Maurice Ferré para la alcaldía en el año 2001. En la Florida central, los boricuas pronto ocuparán un mayor número de escaños en las asambleas municipales y estatales.

En cuanto al status político de la Isla, los puertorriqueños están tan divididos allá como acá. No obstante, la mayoría mantiene un fuerte interés en participar activamente en cualquier decisión que afecte las relaciones entre Puerto Rico y Estados Unidos. Entre otros asuntos, el movimiento de Paz para Vieques gozó de un amplio respaldo entre los puertorriqueños de la diáspora. Después de todo, miles de personas se van de la Isla con la intención de regresar algún día y muchos lo logran. La pregunta política básica, en este contexto, es cómo los boricuas en la Florida y otros estados pueden contribuir a un proceso de descolonización efectivo y definitivo para la Isla. Aunque todavía es incierto el papel de la diáspora en el futuro político de Puerto Rico, probablemente reconfigurará el discurso público sobre la identidad nacional. La pujante comunidad boricua en la Florida demuestra que el sentido de pertenecer a una nación puede desbordar los límites territoriales, jurídicos, lingüísticos y políticos tradicionales. Ser puertorriqueño es cada vez menos una cuestión de idioma —como rezaba una malograda campaña periodística insular—, residencia, ciudadanía o ideología; cada vez más depende de una afiliación personal y colectiva a la cultura boricua, dondequiera y comoquiera que ésta se exprese.

LOS "RADICALES" BORICUAS DE CHICAGO

¿Por qué los puertorriqueños establecidos en Chicago tienen fama de ser más nacionalistas que sus compatriotas en la Isla y otras partes de Estados Unidos? ¿Por qué muchos activistas comunitarios de la diáspora se han alineado con movimientos izquierdistas como las Fuerzas Armadas de Liberación Nacional y los desaparecidos Young Lords? El libro de la antropóloga Ana Yolanda Ramos-Zayas, *National Performances: The Politics of Class, Race, and Space in Puerto Rican Chicago* (Chicago: University of Chicago Press, 2004), intenta contestar tales preguntas. Mediante una minuciosa investigación de la comunidad boricua en esa ciudad, Ramos-Zayas demuestra que sus líderes han recurrido al discurso nacionalista para adelantar múltiples agendas ideológicas y materiales, tales como los intereses de clase, raza y género de los inmigrantes.

Según la autora, el nacionalismo ha aglutinado a numerosos activistas y residentes del barrio tradicionalmente puertorriqueño en el área de Humboldt Park, donde se concentraron los inmigrantes de la Isla durante la década de 1950. Ese barrio ostenta actualmente el Paseo Boricua, un proyecto de revitalización urbana que se extiende por una milla a lo largo de la Calle Division, marcada por dos enormes banderas monoestrelladas de acero. Allí se ubican panaderías, colmados, restaurantes, cafeterías, tiendas de discos, barberías, centros culturales, cooperativas de vivienda, iglesias y una casita en honor a Pedro Albizu Campos.

En el año 2001, tuve la oportunidad de dictar una conferencia a una audiencia que abarrotaba el local del Centro Cultural Juan Antonio Corretjer, en plena Calle Division. No sé si el tamaño del público se debió al grupo de bomba y plena que me precedió o a los suculentos candungos de arroz con pollo que consumieron gratuitamente los asistentes. De todos modos, quedé muy impresionado con el grado de interés, preparación y organización de los participantes en la actividad. Paseo Boricua es uno de los esfuerzos comunitarios más exitosos de los puertorriqueños en Estados Unidos.

La tesis de Ramos-Zayas es que los inmigrantes puertorriqueños y sus descendientes en Chicago han reelaborado los principales símbolos nacionalistas (como la figura mítica de Albizu) como pruebas de autenticidad cultural. Estos símbolos se han difundido ampliamente a través de instituciones comunitarias como las Escuelas Roberto Clemente y Pedro Albizu Campos, y los Centros Culturales Juan Antonio Corretjer y Segundo Ruiz Belvis. A diferencia de la Isla, el nacionalismo puertorriqueño en Chicago combina una ideología anticolonialista con prácticas culturales que no dependen exclusivamente de la lengua española ni la cultura hispánica. Más bien, se trata de combatir la representación pública de una comunidad criminalizada y marginada, mediante la reafirmación de su identidad híbrida, incluyendo el uso del rap y el *Spanglish*.

Pese a su reputación como bastión de radicalismo, la población puertorriqueña en Chicago está compuesta mayoritariamente por trabajadores inmigrantes que probablemente no simpatizan con la independencia de Puerto Rico ni con la izquierda política. No obstante, en comparación con otras comunidades de la diáspora, la de Chicago está mejor organizada para resistir el prejuicio étnico, la discriminación racial y el desplazamiento residencial. El excelente libro de Ramos-Zayas documenta la movilización comunitaria en torno al discurso nacionalista de sus principales líderes. Me sigue intrigando por qué ese discurso ha logrado más arraigo popular en Chicago que en otros asentamientos puertorriqueños en Estados Unidos e incluso en la Isla.

LOS DE AFUERA

Desde principios del siglo XX, especialmente desde los años sesenta, un creciente número de emigrantes puertorriqueños ha regresado a la Isla. Según el censo, la cantidad de residentes de la Isla, nacidos en Estados Unidos, aumentó de 52,116 personas en 1960 a 245,589 en el año 2000. La gran mayoría de estos inmigrantes es de origen boricua y se les conoce popularmente como *nuyoricans*, aunque no hayan nacido en Nueva York.

Durante la década de 1970, el regreso masivo de puertorriqueños comenzó a alarmar a la opinión pública y al gobierno local. En esa época, se les achacaron a los *nuyoricans* numerosos problemas sociales en la Isla, como el desempleo, la criminalidad y la adicción a drogas. En 1974, el entonces Gobernador Rafael Hernández Colón convocó a un seminario sobre migración y política pública en La Fortaleza. Allí, el entonces Secretario de Instrucción Pública, Ramón Cruz, identificó como un reto pedagógico el enseñar español a los hijos de los migrantes de retorno.

A principios de los setenta, las escuelas Papa Juan XXIII en Bayamón y Padre Rufo en Santurce establecieron los primeros proyectos de educación bilingüe para estudiantes inmigrantes. Otros municipios impactados por la migración de retorno, particularmente en el área metropolitana de San Juan, posteriormente crearon programas bilingües. Durante el año 1978-79, el 10.7% de los estudiantes matriculados en las escuelas públicas del país había recibido instrucción en Estados Unidos. Casi el 20% de toda la población residente actualmente de la Isla ha vivido anteriormente en el continente norteamericano. Desgraciadamente, el problema no es sólo pedagógico. En 1980, un informe de la Junta de Planificación aseguró que los puertorriqueños que regresan de Estados Unidos supuestamente "traen consigo una serie de patrones de vida, valores morales y actitudes hacia la autoridad... completamente distintos" de los nuestros (*La población inmigrante en Puerto Rico* [Santurce: Junta de Planificación de Puerto Rico], pág. 45). De ahí que los migrantes de retorno y sus descendientes sean estigmatizados frecuentemente como asimilados, gringos, pitiyanquis o "los de afuera".

En su libro *The Near Northwest Side Story: Migration, Displacement, and Puerto Rican Families* (Berkeley: University of California Press, 2004), la antropóloga Gina Pérez demostró que la popular frase "los de afuera" en Puerto Rico se asocia comúnmente con la delincuencia, el narcotráfico, la promiscuidad y el desdén por el trabajo, la familia y la comunidad. En particular, las muchachas criadas "afuera" son estereotipadas como locas, fiesteras, enamoradas, atrevidas y provocadoras del deterioro moral del pueblo de San Sebastián, donde Pérez realizó gran parte de su investigación. No en balde, muchos *nuyoricans* se sienten discriminados y rechazados por sus compatriotas, especialmente cuando no hablan bien español, el idioma dominante en la Isla.

En el 2004, el Departamento de Educación calculó conservadoramente que la lengua vernácula de más de 14,000 estudiantes de las escuelas públicas no era el español. Sin embargo, los programas de educación bilingüe no atienden a la inmensa mayoría de los inmigrantes puertorriqueños procedentes de Estados Unidos. Hacen falta más maestros y escuelas bilingües, así como mejores recursos educativos para fortalecer el dominio del inglés y el aprendizaje del español entre los hijos de los migrantes de retorno. Algunos especialistas incluso han propuesto desarrollar nuevos currículos bilingües y biculturales para estos estudiantes. También habría que incorporar más materiales sobre la diáspora boricua en las escuelas, desde los grados elementales hasta los superiores. Por último, convendría ensanchar la definición tradicional de la identidad nacional para incluir a "los de afuera", que suelen sentirse tan boricuas como los de aquí.

MIGRADÓLARES

Durante la década de 1990, el dinero enviado por los emigrantes a sus familiares se convirtió en la segunda fuente de divisas en América Latina y el Caribe. Según el Banco Interamericano de Desarrollo (BID), los emigrantes transfirieron 69.2 mil millones de dólares a la región en el año 2008. En varios países, las remesas representan una elevada proporción del Producto Interior Bruto, rivalizando con la manufactura y el turismo. Las transferencias privadas de dinero exceden frecuentemente la inversión directa y la ayuda extranjera para el desarrollo. En todas partes, las remesas contribuyen a sostener las economías locales, particularmente las de las familias más necesitadas.

El fenómeno de las remesas es sumamente pertinente para Puerto Rico, un importante emisor de emigrantes a Estados Unidos desde la Segunda Guerra Mundial, un destino creciente para migrantes de retorno y, más recientemente, un receptor de inmigrantes extranjeros, especialmente de República Dominicana y Cuba. Un resultado de estos múltiples flujos poblacionales es la circulación masiva de "migradólares" —como se les llama comúnmente en México a los envíos monetarios de los migrantes. Sin embargo, los efectos multiplicadores de los migradólares en la economía local, así como el papel actual de la Isla como segunda emisora de dinero a República Dominicana (después de Estados Unidos), aún no se han reconocido públicamente.

La economía puertorriqueña no puede comprenderse cabalmente sin tomar en cuenta las remesas. En el 2008, la Junta de Planificación valoró las transferencias privadas recibidas del exterior en unos 385 millones de dólares. Esa cifra coloca a la Isla en la vigésima posición en las Américas, después de Guyana, en cuanto al monto de remesas. Aunque éstos son cálculos conservadores, muestran un aumento continuo en las últimas décadas del siglo XX, especialmente durante los años noventa.

Por su parte, la economía dominicana depende grandemente de la transferencia masiva de fondos de Estados Unidos, Puerto Rico, España y otros países latinoamericanos y caribeños. Según el BID, República Dominicana recibió 3,111 millones de dólares en remesas en el 2008. Esa cantidad sitúa a República Dominicana en el sexto lugar en las Américas, después de México, Brasil, Colombia, Guatemala y El Salvador. Según tales cálculos, los dominicanos envían ocho veces más migradólares que los boricuas a su país de origen. En promedio, los puertorriqueños remesan sólo $118 al mes, comparados con $148 para los dominicanos.

En el 2004, el BID calculó que los dominicanos residentes en Puerto Rico enviaron alrededor de 240 millones de dólares a sus parientes en República Dominicana. Esta práctica económica ha generado una creciente demanda de servicios especializados en el envío de valores, incluyendo dinero, paquetes y regalos. Un emprendedor fotógrafo dominicano estableció 40 agencias de remesas en Puerto Rico. Decenas de negocios dominicanos compiten actualmente por el mercado de remesas en la Isla, la mayoría de ellos localizados cerca de los principales asentamientos dominicanos en Santurce y Río Piedras. Aun grandes corporaciones financieras han incursionado en la vasta industria de transferencias de dinero.

Durante el verano de 2006, realizamos un estudio de campo sobre las remesas en la Isla, auspiciado por el Centro para la Nueva Economía y la Fundación Ford. Nuestra hipótesis de trabajo era que muchas familias pobres combinan los migradólares con otras fuentes de ingresos, como los salarios, los subsidios gubernamentales y el chiripeo. La evidencia recopilada sugiere que el grueso de las remesas ayuda a cubrir las necesidades básicas de los hogares de escasos recursos, tales como alimentación, ropa, medicinas y alquiler. Sólo una pequeña parte de esos fondos se invierte en actividades económicas como establecer negocios, construir viviendas y adquirir propiedades. Al igual que en otros países, el gobierno estatal debería facilitar el envío y recibo de migradólares para mejorar las condiciones de vida de la población puertorriqueña y dominicana.

¿PUERTORRIQUEÑOS, HISPANOS O LATINOS?

Recuerdo la primera vez que me aplicaron personalmente el término "hispano" en Estados Unidos. Estaba estudiando en la Universidad de Columbia a mediados de la década de 1970 y tenía un amigo cubano mulato que vivía en Nueva York. Mientras comíamos en una de las pésimas cafeterías estudiantiles, conversábamos con varios compañeros puertorriqueños y cubanos de diferentes colores de piel. Para mi amigo, todos éramos hispanos porque hablábamos español y veníamos de algún país latinoamericano. Según él, los demás eran "blanquitos" —refiriéndose principalmente a los judíos estadounidenses— o "cocolos" —designando, disimuladamente, a los negros estadounidenses. Aunque me pareció curiosa esa manera de clasificar a la gente por lengua, nacionalidad y raza, después me di cuenta que era común entre los propios latinos, pese a que quizás usaran otros términos.

En las últimas tres décadas, la población hispana de Estados Unidos se ha diversificado cada vez más con respecto a sus orígenes nacionales. Estados, ciudades y municipios dominados antiguamente por un solo grupo hispano —tales como puertorriqueños en Nueva York, cubanos en Miami y mexicanos en Los Ángeles— han recibido un gran influjo de personas oriundas de otros países latinoamericanos y caribeños, tales como República Dominicana, Nicaragua y El Salvador. La pregunta política clave es si los inmigrantes formarán alianzas con otros latinos, continuarán afirmando sus orígenes nacionales o quizás combinarán ambas estrategias. Repensar la diáspora puertorriqueña en su contexto latinoamericano y caribeño ofrece una oportunidad única para examinar cuán arraigada está la afiliación latina entre los migrantes a Estados Unidos. Varios estudiosos han analizado la creciente latinización de lugares como El Barrio —la comunidad tradicionalmente puertorriqueña del Harlem hispano en Nueva York— y la Pequeña Habana —el núcleo original de la comunidad cubana alrededor de la Calle Ocho en Miami. Aun en esos vecindarios, la inmigración reciente de varios países latinoamericanos (especialmente México y República Dominicana en El Barrio, y Nicaragua y Colombia en la Pequeña Habana) está reconfigurando las identidades culturales entre los latinos.

Contrario a lo que predecían las teorías convencionales, las estrategias de adaptación de los inmigrantes no siempre conducen a su completa "asimilación" a la sociedad receptora a partir de la segunda o tercera generación. Aún no está claro cómo se forjan nuevas identidades, no ancladas exclusivamente en las sociedades de origen ni en los grupos dominantes de la sociedad receptora, sino en la afinidad entre varios grupos étnicos, como la que frecuentemente establecen los latinos o los asiáticos en Estados Unidos. Buena parte de este proceso de construcción de identidades responde a etiquetas étnicas y raciales impuestas por funcionarios públicos, ejecutivos de los medios e intelectuales. Sin embargo, cómo se define la gente común y corriente en un contexto migratorio es todavía un asunto documentado pobremente. Una posibilidad es que los inmigrantes no se incorporan necesariamente a la corriente principal de la cultura estadounidense, sino a una minoría étnica o racial como los hispanos, los afroamericanos o la "gente de color". Varias investigaciones han encontrado que los dominicanos en la ciudad de Nueva York y en Providence, Rhode Island, tienden a adoptar el rótulo de hispano o latino como una categoría racial intermedia entre blancos y negros. Para los puertorriqueños en Estados Unidos, las cuestiones de identidad son sumamente elusivas, ya que podrían definirse como un grupo étnico, nacional o transnacional, así como parte de una comunidad latina más amplia, según diversos proyectos políticos, localizaciones sociales y geográficas, y momentos históricos.

Actualmente se libra un intenso debate académico y público sobre las identidades puertorriqueñas, hispanas o latinas en Estados Unidos. Para algunos estudiosos, los puertorriqueños son hispanos o latinos por definición, puesto que pueden trazar su origen a un país hispanohablante del Caribe. Más aún, los puertorriqueños son el segundo grupo más grande de latinos en Estados Unidos después de los mexicanos y juntos constituyen los prototipos de la categoría de hispano popularizada desde la década de 1960. Para otros, la latinidad o hispanidad sugiere que, a pesar de sus diferencias, los pueblos de América Latina comparten un trasfondo cultural debido a fuerzas geográficas, históricas y lingüísticas similares. Para sus críticos, la clasificación de hispano/latino abarca una enorme variedad de historias migratorias, legados coloniales, grupos raciales y étnicos, clases sociales, tradiciones culturales, lenguas y dialectos. Por lo tanto, los puertorriqueños no deben encasillarse bajo una etiqueta que silencia diferencias tan fundamentales con otras poblaciones. Aunque no pretendo resolver esta controversia, quisiera sugerir una alternativa modesta al impasse intelectual y político de si los puertorriqueños en Estados Unidos debieran identificarse como puertorriqueños o como latinos.

Un aspecto poco estudiado de la identidad latina es su progresiva racialización. En otras ocasiones he señalado que los inmigrantes puertorriqueños y otros latinoamericanos no encajan en el discurso dominante sobre la raza y la etnicidad en Estados Unidos —el llamado pentágono etnorracial de blancos, negros, indios, asiáticos y nativos de las islas del Pacífico. Varios estudios del Negociado del Censo han tratado de determinar por qué tantos puertorriqueños, al igual que otros hispanos, escogen la categoría "otro" cuando se les pregunta por su raza. En el censo del 2000, el 42.2% de todos los hispanos y el 38.2% de los puertorriqueños en Estados Unidos declararon pertenecer a "alguna otra raza".

El surgimiento de nuevas etiquetas étnicas y raciales, como hispano y latino, tiene múltiples implicaciones para los inmigrantes puertorriqueños y otros latinoamericanos. Entre otras repercusiones, la adopción oficial de la categoría hispano por el censo y otras burocracias del gobierno federal trata frecuentemente a los hispanos como si fueran distintos racialmente de los blancos y negros no hispanos. El uso popular cuasirracial de hispano/latino les ha permitido a muchos evadir la oposición tajante entre blancos y negros, prevaleciente en Estados Unidos. De ahí que usted pueda ser puertorriqueño y latino o hispano, en la medida en que el primer término designa su origen nacional, mientras el segundo se refiere comúnmente a su identidad "racial".

En resumidas cuentas, ¿cuál es el futuro de la identidad puertorriqueña dentro de la comunidad latina de Estados Unidos? En conjunto, la evidencia sugiere dos tendencias opuestas pero solapadas. Por un lado, la mayoría de los puertorriqueños, dominicanos, mexicanos, cubanos y otros inmigrantes latinoamericanos todavía se define primordialmente a base de su origen nacional, más que de una ascendencia hispana general. Para la mayoría de los propósitos, las identidades nacionales siguen organizando la vida diaria de la mayor parte de las comunidades inmigrantes en Estados Unidos. Dónde usted vive y estudia, cómo se gana la vida, quiénes son sus amigos y vecinos, con quién se casa y, más importante aún, cómo se ve a sí mismo, están asentados en su lugar de origen o el de sus padres.

Por otro lado, los inmigrantes latinoamericanos se congregan cada vez más con otros latinos en ciudades como Nueva York, Chicago, Boston, Miami, Houston, San Francisco y Los Ángeles. Muchas de estas personas usan el idioma español, la religión católica y otros elementos de su legado cultural hispánico para construir un sentido más amplio de sí mismas y movilizar a sus comunidades. En este momento en la historia de las luchas de los latinos por su apoderamiento colectivo, la precedencia de las identidades nacionales sobre otras afiliaciones todavía parece abierta. Dependiendo de las circunstancias, de quién haga la pregunta y el asunto en cuestión, mucha gente puede reclamar razonablemente ser al mismo tiempo puertorriqueña, hispana y latina.

LATINOS

Desde 1970, el censo de Estados Unidos ha definido a los hispanos mediante la autoenumeración. Cada persona debe indicar en un cuestionario si es de origen mexicano, puertorriqueño, cubano, centro o suramericano u otro origen hispano, incluyendo español. Según esta clasificación, para el año 2007, había 45.4 millones de hispanos en Estados Unidos, de los cuales el 64.8% eran mexicanos, 9.1% puertorriqueños, 3.5% cubanos, 3.2% salvadoreños, 2.7% dominicanos y el restante 16.7%, otros centro y suramericanos y otros hispanos.

Pero ¿cómo fijar exactamente el significado de hispano o latino, términos que el censo utiliza como sinónimos? Inmigrar de un país hispanohablante no es buen criterio, porque más de la mitad de los "hispanos" nació en Estados Unidos. La situación legal tampoco distingue claramente a los latinos, ya que tres de cada cinco son ciudadanos estadounidenses (además, todos los boricuas lo son de nacimiento). ¿Y qué tal el idioma español, que está en la misma base del gentilicio "hispano" o "latino"? Una creciente proporción de los hispanos en Estados Unidos habla inglés en casa y la tercera generación de inmigrantes no suele ser bilingüe. A veces, se utiliza el apellido para identificar a los latinos, pero quizás una tercera parte de éstos (incluyendo a un servidor) no tiene apellidos de origen hispano, como Rodríguez o Pérez.

¿Qué prácticas y valores culturales distinguen a los latinos? Podría argumentarse que el legado colonial y católico unificó a los pueblos conquistados por España, inculcándoles creencias y costumbres comunes, manifestadas en tradiciones populares como la comida, la música o la religión. Sin embargo, ningún rasgo cultural es compartido por todas las personas de origen hispano y un número cada vez mayor se ha convertido al protestantismo. Más aún, existen importantes diferencias regionales entre los países hispanoamericanos, especialmente los dialectos del español.

En Estados Unidos, muchas personas presumen que los hispanos tienen un tipo físico mixto, particularmente mestizo o mulato. Los latinos frecuentemente son considerados "gente de color" y hasta cierto punto se han convertido en una "tercera raza" en el discurso público estadounidense. Pero los datos del censo de 2000 muestran que casi la mitad de los hispanos no se clasifica como blancos ni negros, sino como "otros", desafiando el sistema binario de clasificación racial dominante en Estado s Unidos. No obstante, muchos latinos —especialmente mexicanos, puertorriqueños y dominicanos— han sufrido prejuicio y discriminación racial en carne propia.

Entonces, ¿qué quedaría para delimitar a la población latina en Estados Unidos? Volviendo al principio, habría que preguntarle a la gente si se identifica con uno de los principales grupos hispanos (como mexicanos, guatemaltecos o colombianos). Para bien o para mal, así es que las agencias gubernamentales, los medios de comunicación y otras instituciones privadas rotulan generalmente a los latinos en Estados Unidos. El problema básico es que la gran mayoría de éstos prefiere afiliarse a base de su origen nacional y sólo ocasionalmente de otros países latinoamericanos. Más aún, la autoclasificación no permite establecer criterios confiables para diferenciar a los hispanos de los no hispanos, como podrían ser el idioma, el lugar de nacimiento o la condición jurídica de la persona. Ya comenté anteriormente las dificultades planteadas por tales categorías.

Independientemente de cómo se definan, los latinos constituyen una porción significativa —15.1% en el año 2008— y creciente de la población estadounidense. Los pronósticos del censo anticipan que 132.8 millones de hispanos vivirán en ese país para el año 2050, que representarán un 30.2% de toda la población. Habrá que ver si esa impresionante expansión demográfica se traducirá en una mayor tolerancia a la diversidad racial, étnica, lingüística y cultural; o si, por el contrario, provocará mayor resistencia popular a la inmigración y asentamiento de personas nacidas en el exterior. Ojalá que la primera fuerza predomine sobre la segunda.

LA LATINIZACIÓN DE ESTADOS UNIDOS

Durante el otoño de 2001, pasé un semestre como profesor invitado de Estudios Latinos en la Universidad de Michigan. La noche que llegué a Ann Arbor, mi colega cubanoamericana Silvia Pedraza me llevó al supermercado para hacer una compra. Esperando en la fila para pagar, conversábamos en español. Detrás de nosotros estaba un hombre negro, alto y delgado, que se molestó al escucharnos. Como él tenía menos artículos que pagar que yo, le dije que pasara al frente y así lo hizo, no sin antes refunfuñar sobre lo mal que estaba el país, que ya ni siquiera en los supermercados se podía hablar inglés.

¿A qué se debe ese resentimiento popular de los estadounidenses contra los extranjeros y particularmente contra los latinos? Se me hace difícil entender su origen, intensidad y difusión. Quizás la noticia de que los latinos sustituyeron a los afroamericanos como la principal minoría en Estados Unidos ahondó las tensiones entre los dos grupos. En el año 2002, el Negociado del Censo calculó que los 37 millones de latinos representaban alrededor del 13% de la población estadounidense, sobrepasando a los 36.2 millones de afroamericanos, que representaban un 12.7%. Los titulares de los periódicos resaltaron el desplazamiento demográfico de un grupo por otro, como si fuera una competencia por los números y por la cuota de cada minoría dentro de la estructura de poder en Estados Unidos.

La verdadera noticia no es que ahora haya más latinos que negros en Estados Unidos (por cierto, muchos latinos también son negros), sino que el crecimiento poblacional de ese país se nutre cada vez más de inmigrantes, particularmente de América Latina y Asia. Sin embargo, la supuesta latinización de la población todavía no se ha traducido en una presencia proporcional en muchas áreas claves de la sociedad estadounidense. Los latinos están muy mal representados en los puestos políticos electorales, las ocupaciones empresariales y profesionales, los medios de comunicación, las instituciones culturales y los círculos académicos del país anfitrión. Sólo existe una notable excepción: la explosión de los latinos dentro de la música popular, con el éxito comercial de figuras emblemáticas como Ricky Martin, Jennifer López, Marc Anthony, Santana y Shakira.

La poca visibilidad pública de los latinos en la sociedad estadounidense se debe parcialmente a las diferencias entre las propias comunidades inmigrantes. Algunos especialistas piensan que el rótulo de "latino" o "hispano" es sólo un invento del gobierno federal y los medios de comunicación que agrupa a una gran diversidad de personas sin ninguna otra base compartida que su origen geográfico. Otros proponen que la convivencia diaria entre distintos grupos latinos en barrios, comunidades, ciudades y estados, junto con la experiencia común del prejuicio y la discriminación, es un fuerte incentivo para construir y consolidar una identidad latina, más allá de las diferencias nacionales, étnicas, raciales, regionales o económicas. Además, la mayoría de los latinos habla español, practica la religión católica y mantiene fuertes lazos de solidaridad con sus países de origen. En todo caso, esperemos que el constante crecimiento de la población latina en Estados Unidos no siga planteándose como un problema de desplazamiento para otras minorías étnicas y raciales, como los afroamericanos, sino como una oportunidad para ensanchar los límites de la cultura, el idioma y la religión de Estados Unidos.

APELLIDOS HISPANOS

En noviembre de 2007, el Negociado del Censo informó que por primera vez dos de los diez apellidos más comunes en Estados Unidos eran hispanos —García y Rodríguez. El censo del 2000 enumeró a 858,289 personas de apellido García y a 804,240 Rodríguez. Además, entre los 50 nombres de familia más frecuentes en Estados Unidos se encontraban Martínez, Hernández, López, González, Pérez, Sánchez, Ramírez y Torres.

El aumento en el número de residentes estadounidenses con apellidos hispanos refleja el crecimiento masivo de la inmigración latinoamericana. Durante la década de 1990, los latinos pasaron del 11.1% al 12.5% de la población de Estados Unidos. Para el año 2008, el censo calculó que casi 47 millones de residentes de ese país eran de origen hispano, principalmente mexicano, puertorriqueño, cubano, salvadoreño y dominicano. Actualmente, uno de cada siete residentes de Estados Unidos es de origen hispano.

¿Qué importancia tiene el que varios de los principales apellidos en Estados Unidos sean hispanos? El dato indica la creciente diversidad étnica de una nación hasta hace poco dominada por personas de origen anglosajón. Aunque todavía prevalecen los Smith, Johnson, Williams, Brown y Jones entre los estadounidenses, las personas de origen hispano son cada vez más visibles en todos los niveles de la estructura social estadounidense. Desafortunadamente, tal diversidad no se ha traducido en representación electoral proporcional, equidad socioeconómica, igualdad de oportunidades educativas o participación en los medios de comunicación. Más allá de la política de algunos estados, las empresas establecidas por otros compatriotas, ciertos deportes como el béisbol o el fútbol, la industria musical y la televisión en español, los latinos todavía no son reconocidos popularmente como parte integrante de la sociedad estadounidense. Generalmente se les sigue viendo como extranjeros recién llegados que no se han integrado a la cultura anglosajona.

Por mucho tiempo, el discurso oficial en Estados Unidos se aferró al mito fundacional de un país esencialmente blanco, anglosajón y protestante. Ese mito excluía, entre otros grupos, a los descendientes de las poblaciones indígenas de Norteamérica, los esclavos africanos y los mexicanos residentes en los territorios anexados por Estados Unidos. Actualmente excluye a un número cada vez mayor de inmigrantes de América Latina y Asia. Curiosamente, el censo identificó varios apellidos asiáticos como Lee y Nguyen entre los 100 más comunes en Estados Unidos para el año 2000.

Algún día, apellidos como García y Rodríguez no serán meras referencias exóticas a empleadas domésticas, trabajadoras sexuales, obreros de construcción, narcotraficantes o inmigrantes indocumentados. La presencia latinoamericana se hará sentir en todas las ocupaciones y sectores del mercado laboral, así como del gobierno, la educación, las artes y las ciencias. No será raro ver a un astronauta, senador, gerente o profesora de origen hispano. Tampoco será extraño que personas que no "parezcan" hispanas ni tengan apellidos que terminan en zeta se identifiquen como tales. Después de todo, los latinos vienen en todos los tamaños y colores.

Por el momento, los datos revelados por el censo constatan la pujante población latina. Añádase a esos datos que cuatro apellidos hispanos —García, Hernández, Rodríguez y Martínez— figuran entre los primeros diez compradores de casas en Estados Unidos. Además, entre los 20 nombres más populares en ese país se destacan José, Manuel, María, María del Carmen y Ana María. Recuérdese también que las ventas de salsa superan las de ketchup y las de tortillas prácticamente igualan las de pan. Aunque tales estadísticas parezcan triviales, sugieren el impacto cada vez mayor de los latinos en los mercados de vivienda y consumo. Si bien resulta exagerado predecir la "latinización" inminente de Estados Unidos, puede anticiparse que en poco tiempo habrá más estadounidenses apellidados García o Rodríguez que Davis o Miller.

¿LOS "JUDÍOS" DEL CARIBE?

En el año 2008, el censo calculó que 18,180 personas de origen cubano vivían en Puerto Rico. El éxodo masivo de cubanos se inició a partir de la Revolución Cubana de 1959, aunque el censo contó a cientos de cubanos residentes aquí antes de esa fecha. En 1960, sólo vivían 1,060 cubanos en Puerto Rico. Entre 1960 y 2008, fueron admitidos 34,942 cubanos en Puerto Rico. La mayoría llegó durante los años sesenta y principios de los setenta, pero el éxodo se redujo sustancialmente después de 1980. En el año 2008, apenas fueron admitidos 192 inmigrantes cubanos en la Isla.

Los cubanos en Puerto Rico tienden a provenir de las capas más acomodadas de la Cuba prerrevolucionaria. La gran mayoría tiene un trasfondo urbano, principalmente de las grandes ciudades de La Habana y Santiago de Cuba. El grueso procede de la población blanca, frecuentemente de origen español, con una alta proporción de egresados universitarios y empleos más calificados y mejor remunerados. En el año 2000, cuatro de cada cinco cubanos en Puerto Rico tenían empleos de cuello blanco. Un 42.4% eran gerentes y profesionales; otro 40% eran vendedores y oficinistas. Por su éxito empresarial, los cubanos a veces han recibido el apodo de "los judíos del Caribe".

Desde la década de 1960, los inmigrantes cubanos tienden a congregarse en el área metropolitana de San Juan (un 75% en la actualidad). En el año 2000, se concentraban en Isla Verde en Carolina (el 12% de todos los residentes allí eran cubanos) y en urbanizaciones de clase media alta como University Gardens y Hyde Park en Río Piedras, y Golden Gate, Caparra Hills, Villa Caparra, Torrimar y Alturas de Torrimar en Guaynabo. Los cubanos se desempeñan primordialmente como una minoría intermediaria, un grupo étnico especializado en la distribución de bienes y servicios dentro de la sociedad puertorriqueña. La mayoría ha ingresado a los peldaños medios y altos del mercado laboral, predominantemente en el pequeño comercio y los servicios profesionales, tales como cafeterías, restaurantes, panaderías, joyerías, tiendas por departamento, agencias de publicidad, seguros y bienes raíces. Muchos lograron acceder a ocupaciones lucrativas, como vendedores de carros o contratistas de construcción, fuera del alcance de la mayoría de los puertorriqueños y poco atractivas para la élite local, llenando así una brecha de status entre las clases dominantes y subalternas.

¿Son los cubanos los judíos del Caribe? Como grupo, ocupan una posición privilegiada dentro de la sociedad puertorriqueña. Muchos son dueños de pequeños y medianos negocios, trabajan por su cuenta y se dedican al comercio y los servicios, como otras minorías intermediarias, incluyendo a los judíos. Sin embargo, la mayoría (el 59% de las mujeres cubanas y el 67% de los hombres cubanos en 1990) se casa con puertorriqueños; sus hijos se identifican predominantemente como puertorriqueños y no existe un enclave residencial mayormente cubano en ninguna parte de la Isla. La disminución de la inmigración cubana desde fines de los años setenta; el envejecimiento progresivo de la población cubana en Puerto Rico; el éxodo continuo hacia el sur de la Florida y la asimilación cultural de la segunda generación permiten pronosticar que pronto los cubanos se integrarán totalmente a la sociedad puertorriqueña y dejarán de ser "los judíos del Caribe", si es que alguna vez lo fueron.

MÁS ALLÁ DE LAS BALSAS

En agosto de 2004, se cumplieron diez años de la "crisis de los balseros", uno de los episodios más dramáticos de la diáspora cubana. Entre el 13 de agosto y el 13 de septiembre de 1994, la Guardia Costera de Estados Unidos interceptó a 30,879 balseros que intentaban cruzar el estrecho de la Florida. Esta cifra representó la mayor cantidad de migrantes cubanos en un solo mes desde el éxodo del Mariel en 1980.

En retrospectiva, los antecedentes de la crisis eran claros. Entre 1985 y 1994, la Sección de Intereses de Estados Unidos en La Habana rechazó casi el 93% de las solicitudes de visas. Las salidas indocumentadas se convirtieron en la principal vía para emigrar desde Cuba a inicios de la década de 1990. Los cubanos también aprovecharon cada vez más las visitas temporales para quedarse a vivir en Estados Unidos. A su vez, la política pública de aceptar a los cubanos que llegaran clandestinamente a territorio estadounidense alentaba la emigración no autorizada. El 12 de agosto de 1994, cuando el gobierno de Fidel Castro anunció que no interferiría con las salidas indocumentadas, preparó el escenario para otro Mariel —una migración masiva, caótica, peligrosa y explosiva políticamente.

La crisis de los balseros se resolvió (al menos temporalmente) cuando los gobiernos de Estados Unidos y Cuba reanudaron sus acuerdos migratorios en septiembre de 1994 y mayo de 1995. Uno de los principales acuerdos fue la devolución de todos los balseros rescatados en alta mar a Cuba u otros territorios fuera de Estados Unidos, incluyendo la Base Naval de Guantánamo. Ambas partes se beneficiaron de la provisión de al menos 20,000 visas, junto con una lotería especial que aprobaría unas 5,000 solicitudes al año. Los acuerdos terminaron prácticamente con el trato privilegiado de los cubanos como refugiados políticos y los redefinieron como inmigrantes indocumentados, al igual que los provenientes de países como República Dominicana y Haití. Aun así, la política de "pies mojados/pies secos" permite que aquellos cubanos que pisen suelo estadounidense sean admitidos bajo la Ley de Ajuste Cubano, aprobada en 1966.

El potencial migratorio cubano es mucho mayor que el número de visas concedidas por el gobierno de Estados Unidos. Un índice del creciente deseo de emigrar es la cantidad de participantes en el sorteo de visas ("el bombo", como se le conoce popularmente en Cuba). Según fuentes oficiales, esa cantidad aumentó de unas 189,000 personas en 1994, pasando por 435,000 en 1996, a 541,500 en 1998. Al ritmo presente de otorgamiento de visas, tomará más de 20 años satisfacer la demanda existente. Muchos cubanos seguramente usarán otras vías para irse de la Isla —emigrar clandestinamente, permanecer en otros países después que expiren sus permisos de viaje, residir temporalmente en el exterior o utilizar otros lugares como estaciones de paso hacia Estados Unidos.

En junio de 2004, la administración del presidente George W. Bush adoptó medidas más restrictivas hacia Cuba, incluyendo la reducción en el envío de remesas, la frecuencia de visitas familiares y las licencias de intercambio. Dada la persistente crisis económica en Cuba, tales medidas probablemente aumentaron las presiones migratorias. Lejos de promover cambios democráticos en el régimen socialista, el endurecimiento del embargo estadounidense podría desatar otro Mariel. Todo indica que surgirá una nueva crisis migratoria en el futuro cercano, a menos que mejoren sustancialmente las condiciones de vida de la población cubana.

VOLVER A LA HABANA

El primero de enero de 2009, se cumplieron 50 años del triunfo de la Revolución Cubana. Yo tenía casi dos años entonces, tres cuando mi familia salió de Cuba y nueve cuando llegamos a Puerto Rico. Desde el año 1981, he vuelto cada vez que he podido a La Habana, obsesionado por conocer a mis tíos y primos, comprender el éxodo cubano y presenciar los cambios en la sociedad posrevolucionaria.

A mi regreso a San Juan en diciembre de 2003, me preguntaban cómo andaban las cosas en Cuba. El proyecto revolucionario de salud, educación y deportes para todos se mantenía con dificultad. La transportación pública, la vivienda y la alimentación se habían deteriorado notablemente. El país no acababa de superar el Período Especial en Tiempos de Paz, la profunda crisis económica iniciada en 1989. Pero la gente sobrevivía como podía, pidiendo "botella" (pon) en las calles, arreglando sus casas con dólares que les enviaban sus parientes emigrados y comprando comida, ropa y enseres eléctricos en las así llamadas "chopins". Según un chiste popular cubano, para salir de la crisis, había que tener FE: familiares en el exterior.

El turismo se había convertido en la principal fuente de ingresos de la Isla y muchos profesionales se sentían privilegiados de ser taxistas, mozos de restaurante, "jineteras" (prostitutas) o "bisneros" (buscones que te venden desde habanos hasta medicinas, incluyendo PPG, una especie de Viagra cubano). Dos de las expresiones más comunes en la Cuba actual son "resolver" e "inventar", refiriéndose a satisfacer las necesidades básicas de la vida diaria.

Durante el Período Especial, Cuba ha combinado una economía planificada centralmente con sectores emergentes del mercado, como las empresas mixtas y el trabajo por cuenta propia. No obstante, el Estado mantiene un fuerte control impositivo sobre la mayoría de las actividades económicas, incluyendo "las paladares" (pequeños restaurantes familiares), los cuartos de alquiler particular y los taxis en bicicleta. Esta extraña mezcla de empresas estatales y privadas, que operaban generalmente con dólares estadounidenses, producía precios desproporcionados. En mayo del 2003, alquilar un Corolla en La Habana costaba 75 dólares diarios, mientras una Heineken costaba igual que una cerveza cubana.

Por su parte, el pueblo cubano ha atravesado por uno de sus momentos más difíciles "resolviendo" e "inventando", aprovechando sus escasos recursos económicos y su enorme ingenio colectivo. (¡Así funcionan todavía cientos de Chevys antiguos!) La gente lucía mejor alimentada que hacía diez años; los apagones eléctricos eran cada vez menos frecuentes; La Habana Vieja y el Malecón se estaban restaurando; los turistas seguían buscando sol, playa y rumba. Después del turismo, la segunda fuente de divisas eran las remesas de los emigrantes, quienes enviaron 1,194 millones de dólares a sus familiares en la Isla en el año 2003. Irónicamente, los cubanos en el exterior han financiado buena parte del modesto crecimiento económico de Cuba en años recientes.

En estos tiempos de crisis, miles de emigrantes cubanos han reanudado sus lazos de parentesco con su país de origen, al igual que otros latinoamericanos residentes en Estados Unidos. "La sangre hala" más que la política cuando se agudizan las carencias materiales y espirituales. Ojalá que pronto se normalicen las relaciones entre cubanos, sin importar dónde residen, qué ideología profesan o si se ganan la vida en pesos cubanos, dólares o euros.

"BUSCANDO MEJOR VIDA": LA DIÁSPORA DOMINICANA EN PUERTO RICO

Después de Estados Unidos, la principal concentración de dominicanos en el exterior se encuentra en Puerto Rico, un país con un nivel de vida superior pero con una geografía, una historia y una cultura semejantes a las de República Dominicana. Los dominicanos comenzaron a emigrar en masa después del asesinato del dictador Rafael Leonidas Trujillo (1961), el golpe de estado contra el presidente constitucional Juan Bosch (1963) y la guerra civil y ocupación militar de Santo Domingo por Estados Unidos (1965). Estos sucesos políticos pusieron en marcha una densa madeja de fuerzas socioeconómicas que trajeron a decenas de miles de dominicanos a Puerto Rico en las últimas cinco décadas. Aunque la Isla ha servido frecuentemente como un trampolín hacia el continente norteamericano, la pujante comunidad dominicana en San Juan desplazó a los cubanos como sector mayoritario de la población extranjera desde la década de 1980. Según los cálculos censales del 2007, el área metropolitana de San Juan-Caguas-Guaynabo tenía 60,116 residentes dominicanos.

Los vínculos históricos entre lo que ahora son República Dominicana (Quisqueya) y Puerto Rico (Borinquen) datan de tiempos precolombinos, cuando los pueblos arahuacos originarios de la cuenca amazónica de Sudamérica se asentaron en ambos territorios. A fines del siglo XV y principios del XVI,

España conquistó ambas islas y mantuvo control de ellas hasta el siglo XIX. Un pequeño pero constante flujo de personas en ambas direcciones entre los siglos XVI y XIX abarcó a burócratas, soldados, clérigos, profesionales, estudiantes, artesanos y esclavos. Durante el siglo XIX, cientos de exiliados se mudaron de La Española a Puerto Rico, primordialmente a causa de disturbios políticos como la cesión española de la isla a Francia (1795), el triunfo de la Revolución Haitiana (1804) y la ocupación haitiana de Santo Domingo (1822-1844). Los emigrados incluían a propietarios blancos, esclavos negros y trabajadores mulatos que tendieron a establecerse en la región occidental de Puerto Rico, particularmente alrededor de las ciudades de Mayagüez y San Germán.

La dirección primaria del flujo transnacional de personas se invirtió a fines del siglo XIX y principios del XX. El rápido desarrollo de la industria azucarera dominicana, centrado en las provincias orientales de San Pedro de Macorís, La Romana y Puerto Plata, atrajo a miles de trabajadores de otras islas caribeñas, incluyendo a Puerto Rico. En 1920, el censo dominicano contó a 6,069 puertorriqueños residentes en República Dominicana. Por sus afinidades lingüísticas, culturales y religiosas, muchos boricuas se casaron con dominicanos y se integraron a la sociedad anfitriona. Como resultado, los descendientes de los inmigrantes se identificaron generalmente como dominicanos.

Entre 1930 y 1960, pocos puertorriqueños emigraron a República Dominicana y pocos dominicanos emigraron a Puerto Rico. Durante este período, la gran mayoría de los migrantes puertorriqueños se trasladó a Estados Unidos, especialmente a la ciudad de Nueva York. En la década de 1940, la migración boricua hacia República Dominicana cesó prácticamente. Para 1950, el censo dominicano encontró a sólo 2,216 puertorriqueños residentes en ese país. Debido a los estrictos controles migratorios del régimen trujillista, la mayoría de los dominicanos no podía viajar al exterior; los que lograban hacerlo eran primordialmente prósperos empresarios, profesionales o exiliados políticos, incluyendo a cientos que se radicaron en Puerto Rico. En 1959, el gobierno dominicano emitió sólo 1,805 pasaportes, de un total de 19,631 solicitudes. En 1960, el censo puertorriqueño contó a 1,812 residentes dominicanos. Algunos de éstos eran descendientes de inmigrantes boricuas en República Dominicana. El éxodo a gran escala desde República Dominicana hacia Puerto Rico se intensificó a mediados de la década de 1960. Entre 1966 y 2008, el gobierno de Estados Unidos admitió a 132,022 inmigrantes dominicanos en San Juan. Esta cifra representa el 12.9% del éxodo dominicano a Estados Unidos durante esas fechas. Además, un número desconocido de personas ha entrado a la Isla sin autorización legal o se ha quedado después de expirar sus visas turísticas. Los datos censales confirman el auge de la población dominicana en Puerto Rico, la cual se multiplicó 40 veces entre 1960 y 2008. Según el último censo, 64,922 residentes de Puerto Rico eran de origen dominicano, una cifra muy conservadora considerando el subconteo de la población indocumentada. Ningún otro sector de la población de la Isla ha crecido tan rápidamente como los dominicanos a lo largo de las últimas tres décadas.

Debido a la cercanía entre Puerto Rico y República Dominicana y a que se ha hecho cada vez más difícil viajar a Estados Unidos sin autorización del gobierno federal, los indocumentados son más propensos a quedarse en Puerto Rico que a mudarse al continente norteamericano. En 1996, las autoridades de inmigración de Estados Unidos calcularon que unos 34,000 inmigrantes indocumentados —mayormente de República Dominicana— vivían en Puerto Rico, comparados con 75,000 indocumentados dominicanos en Estados Unidos. Según estas cifras, la proporción de dominicanos indocumentados a documentados es casi seis veces mayor en la Isla que en el continente.

El primer viaje ilegal conocido de República Dominicana a Puerto Rico ocurrió en 1972, cuando un pequeño grupo de dominicanos trató de cruzar el Canal de la Mona en una frágil embarcación. Desde la década de 1980, la Guardia Costera de Estados Unidos ha interceptado a miles de dominicanos indocumentados en alta mar. Por su parte, el Servicio de Inmigración y Naturalización y la Patrulla Fronteriza removieron de Puerto Rico a más de 37,000 indocumentados durante la década de 1990. Más del 90% de los detenidos provino de República Dominicana, aunque las cifras también incluyen a otros países latinoamericanos y caribeños, como Colombia, Ecuador, Haití y Cuba, y hasta la China. Las costas de Puerto Rico se han convertido en un punto importante de entrada al territorio estadounidense para los traficantes de indocumentados, después de la frontera terrestre con México. Este trasiego humano se hace aún más dramático cuando se recuerdan las tragedias personales sufridas por los que intentan cruzar el Canal de la Mona. Aunque nadie sabe exactamente cuántas yolas naufragan cada año, cientos de dominicanos se han ahogado en el peligroso viaje marítimo.

A partir de varios estudios realizados, es posible trazar un perfil de los inmigrantes indocumentados de República Dominicana en Puerto Rico. Por lo general, las yolas salen de los puertos orientales de Higüey, Samaná, Boca de Yuma y La Romana en República Dominicana, y arriban a las costas occidentales de Puerto Rico, especialmente los pueblos de Rincón, Añasco, Aguadilla, Aguada, Mayagüez y Cabo Rojo. El costo de un viaje en yola fluctúa entre 700 y 1,000 dólares por persona. La mayoría de los inmigrantes son hombres jóvenes con una educación elemental y un empleo no calificado en República Dominicana. Otros pasajeros incluyen a mujeres pobres que laboraban como domésticas, obreras de fábricas o trabajadoras informales en su país. Una vez en Puerto Rico, tienden a mudarse al área metropolitana de San Juan, especialmente a Santurce y Río Piedras, donde sus parientes y amigos les ayudan a encontrar trabajo y vivienda. Muchos se insertan en el sector informal urbano, especialmente en el comercio ambulante, la industria de la construcción o el servicio doméstico. Algunos se dedican al trabajo agrícola, particularmente el recogido del café. Otros intentan continuar su viaje hacia Nueva York y otras ciudades del continente norteamericano. Muchos lo logran.

En síntesis, decenas de miles de dominicanos han "buscado mejor vida" en Puerto Rico. Esa frase común —buscar mejor vida— resume las necesidades materiales, las aspiraciones personales y los proyectos familiares de muchos dominicanos que no encuentran otra salida inmediata a la crisis económica de su país que irse de él. Después de Estados Unidos, Puerto Rico se ha convertido en el destino favorito de los inmigrantes, por sus estándares de vida relativamente altos, la continua demanda de mano de obra barata y la expectativa de obtener salarios superiores a los de República Dominicana. En las últimas décadas, los lazos socioeconómicos entre ambos países se han estrechado mediante la migración, el turismo, el comercio y las inversiones. El constante flujo de inmigrantes indocumentados es testimonio elocuente de tales lazos, a pesar de los constantes esfuerzos por las autoridades de Estados Unidos y República Dominicana por frenar el contrabando humano. Hoy en día, los dominicanos constituyen la minoría étnica más visible en Puerto Rico así como la más desaventajada económica, social y políticamente. Al igual que los puertorriqueños en Nueva York o los haitianos en Santo Domingo, los dominicanos en San Juan sirven frecuentemente como chivos expiatorios para los problemas de la sociedad receptora, tales como el desempleo, la pobreza o la delincuencia. La gran ironía de la diáspora dominicana en Puerto Rico es que enfrenta muchos de los mismos prejuicios de clase, etnia y raza que los boricuas en Estados Unidos.

LA "GUETIZACIÓN" DE SAN JUAN

Según mi diccionario, un gueto es un lugar donde viven personas marginadas por el resto de la sociedad. Más precisamente, es un área residencial ocupada exclusiva o predominantemente por una minoría étnica o racial. En Estados Unidos, los negros tienden a asentarse en los barrios más pobres y deteriorados de centros urbanos como Nueva York y Chicago. También los emigrantes puertorriqueños han experimentado una intensa segregación residencial en lugares como el Harlem hispano y el sur del Bronx.

Los datos del último censo sugieren la incipiente "guctización" de los inmigrantes dominicanos en Puerto Rico. En el año 2000, tres de cada cuatro dominicanos vivían en el área metropolitana de San Juan, con concentraciones menores en Caguas, Mayagüez y Ponce. Más de la mitad se encontraba en el municipio de San Juan, mientras que una quinta parte residía en Carolina y Bayamón. Las cifras confirman que la inmensa mayoría de los dominicanos se muda a las grandes ciudades de Puerto Rico, especialmente la capital. Aquí se encuentra el grueso de los empleos en el servicio doméstico, el pequeño comercio y la construcción.

En San Juan, los dominicanos se concentran en los centros urbanos de Santurce, Río Piedras y Hato Rey. La mayoría vive en vecindarios de bajos ingresos como Calle Loíza, Villa Palmeras, Barrio Gandul y Seboruco. La principal aglomeración de dominicanos (3,144) está en Barrio Obrero. Los inmigrantes también se congregan en residenciales públicos como López Sicardó, Quintana y San José. La mayor proporción de dominicanos en todo Puerto Rico (casi el 45% de los residentes) se encuentra en Barrio Capetillo, cerca del casco de Río Piedras. Los bajos alquileres, la localización central, el acceso a la transportación pública, la disponibilidad de empleos y la presencia de otros compatriotas han atraído a muchos dominicanos a Santurce y Río Piedras. Los que viven fuera de estas áreas tienden a ser inmigrantes más calificados, educados y acomodados. Los datos censales indican que los dominicanos se han insertado en un mercado de vivienda dividido por clase, raza y origen nacional. Por primera vez en la historia de Puerto Rico, muchos extranjeros viven en condiciones parecidas a las de un gueto, en el sentido de la extrema concentración de una minoría étnica y racial en los barrios pobres del centro de la ciudad.

La creciente "guetización" de San Juan se debe, en parte, a la preferencia de muchos inmigrantes por vivir cerca de sus parientes, amigos y paisanos. Otra razón es la escasez de vivienda de bajo costo fuera de los barrios más dilapidados del área metropolitana. Pero todavía más preocupante es que el mercado de vivienda puertorriqueño aísla cada vez más a los residentes extranjeros de los nacidos aquí. La experiencia de los guetos negros y los barrios latinos en Estados Unidos sugiere que la segregación de los inmigrantes en enclaves residenciales retrasa su incorporación al país receptor. Por lo tanto, es urgente que el gobierno municipal y estatal tome medidas para frenar la discriminación étnica y racial. De lo contrario, Barrio Obrero y Barrio Capetillo podrían convertirse pronto en guetos de extranjeros pobres, mulatos y negros que difícilmente se integrarán a la sociedad puertorriqueña.

EN AUGE LAS EMPRESAS DOMINICANAS EN PUERTO RICO

En 1990, cuando realizábamos nuestra investigación de campo en el Barrio Gandul de Santurce, una residente puertorriqueña se quejó inmediatamente de los extranjeros. La doña era dueña de un pequeño colmado-bar localizado en el barrio, que tuvo que cerrar por la competencia de otros negocios de comida y bebida en el área, especialmente en la Avenida Fernández Juncos. Según ella, estos negocios eran propiedad de cubanos y dominicanos, tales como "El Padrinito", que vendían más barato y —a veces— ofrecían servicios de dudosa reputación como la compañía de muchachas que bailaban merengue en las barras dominicanas. La señora también se quejó de los edificios multipisos en la Calle Palmas, ocupados mayormente por dominicanos, quienes supuestamente fumaban y bebían en la calle. Según esta informante, los dominicanos compiten deshonestamente con los puertorriqueños por trabajos escasos.

El mito del desplazamiento de los trabajadores puertorriqueños es uno de los más difundidos, así como de los más perjudiciales, en torno a la inmigración dominicana en Puerto Rico. Sin embargo, es también el que se basa en menos evidencia proveniente de investigaciones científicas o datos estadísticos del gobierno. Como muchos otros mitos, éste se alimenta no de hechos bien fundados y razonamientos lógicos, sino del prejuicio, la ignorancia y la anécdota. Cuando los puertorriqueños —como muchos otros grupos étnicos y nacionales— se quejan de que los dominicanos les están robando sus empleos, de que los extranjeros están "invadiendo" la Isla o de que "se van a quedar con Santurce y Río Piedras", expresan un miedo común en muchos países, la xenofobia. Este miedo es comprensible, aunque no justificable, en vista de las altas tasas de desempleo y el deterioro en las condiciones de vida de la población puertorriqueña durante las últimas tres décadas.

Muchos puertorriqueños utilizan a los dominicanos como chivos expiatorios para sus problemas socioeconómicos, debido a la visibilidad y vulnerabilidad de ese grupo minoritario en la sociedad insular. Aunque el discurso antiinmigrante y antiextranjero puede ser un fenómeno universal, se manifiesta de una forma particular en Puerto Rico a principios del siglo XXI. La xenofobia es un patrón cultural extraño en un país caribeño, al enfocar la hostilidad étnica contra los inmigrantes negros y mulatos de una "república hermana", antillana e hispanohablante. Por eso es tan importante documentar las aportaciones de los inmigrantes dominicanos al desarrollo empresarial en Puerto Rico en las últimas cuatro décadas. Sólo así se podrá apreciar el fenómeno migratorio de una manera más justa y balanceada.

La mayor parte de las investigaciones sobre la población dominicana en Puerto Rico ha hecho hincapié en su aporte eminentemente laboral. Este énfasis es comprensible dado el carácter predominantemente obrero del flujo migratorio. Según el censo del 2000, casi el 67% de los trabajadores dominicanos en Puerto Rico se desempeñaba en ocupaciones de servicio y de cuello azul, tales como el servicio doméstico, los trabajos de reparación y construcción. Sin embargo, hacen falta estudios detallados sobre la actividad empresarial de la comunidad inmigrante, especialmente en el área metropolitana de San Juan.

Una fuente de información valiosa sobre las empresas dominicanas en Puerto Rico es la *Guía de dominicanos en Puerto*

Rico, publicada en 1989. Dicha guía documenta una actividad económica muy rica y diversa, que rebasa los confines tradicionales de la inmigración laboral y que merece mayor atención académica. Siguiendo el esquema propuesto por Alejandro Portes y Luis Guarnizo en *Capitalistas del trópico: la inmigración a los Estados Unidos y el desarrollo de la pequeña empresa en la República Dominicana* (Santo Domingo: Facultad Latinoamericana de Ciencias Sociales, 1991) para clasificar las empresas dominicanas en Nueva York, puede formularse una tipología preliminar de cinco categorías básicas para los negocios establecidos por los inmigrantes en Puerto Rico.

Para empezar, están las empresas dedicadas a la provisión de alimentos étnicos, tales como bodegas (colmados), carnicerías y supermercados. Estos negocios se orientan principalmente hacia la satisfacción de las necesidades de consumo gastronómico de la comunidad dominicana en el exterior. En Nueva York, los pequeños empresarios dominicanos —los llamados bodegueros— han tenido mucho éxito especializándose en la distribución de alimentos. En Puerto Rico, los dominicanos son dueños de numerosos colmados, supermercados, farmacias, barras y panaderías. Uno de estos negocios, "Plaza Primo", anunciaba que tenía "todos los ingredientes para la preparación del sancocho típico dominicano", así como víveres en general, incluyendo yuca, plátanos, guineos, papayas, cocos, piñas y chinas.

Una segunda categoría es la de proveedores de servicios étnicos, especializados en actividades sociales y culturales de los inmigrantes dominicanos, tales como restaurantes, cafeterías, discotecas y salones de belleza. En Puerto Rico, varios programas de radio y televisión se orientaban particularmente hacia la comunidad dominicana, tales como "Santo Domingo en Borinquen", cuyo lema era "Uniendo a Puerto Rico y la República Dominicana a través del... ¡MERENGUE!"; "Quisqueya canta para Puerto Rico", un programa radial que llevaba varias décadas en el aire; el menos conocido "Canciones inolvidables" y el más reciente "Así es Quisqueya". En

Santurce, la discoteca La Escalera se convirtió en un centro de reunión social para la población dominicana. La cadena de cafeterías "El Mangú", junto con otros establecimientos, se especializaba en la venta de comida rápida "al estilo dominicano". También había periódicos, revistas y orquestas de merengue de propiedad dominicana.

El tercer tipo de empresa, que Portes y Guarnizo llaman de intermediación local, se refiere al procesamiento de formularios requeridos por la sociedad receptora, tales como los de impuestos, contabilidad, inmigración y otros servicios legales y profesionales. El caso más evidente de este tipo de empresa es una oficina de abogados que ofrece múltiples servicios afines, como los de traducción y orientación a los inmigrantes. Que yo sepa, este tipo de empresa no ha florecido en Puerto Rico tanto como en Nueva York, salvo una instancia notoria en la Calle William Jones en Río Piedras.

La cuarta categoría, la de mediación binacional, se refiere a negocios orientados a mantener contacto con República Dominicana, tales como agencias de viaje, compañías de mudanza, servicios telefónicos y sobre todo envíos de remesas. Este tipo de negocio sí ha proliferado en Puerto Rico, particularmente la red del fotógrafo dominicano Vinicio Peña, quien estableció docenas de locales a través del área metropolitana de San Juan para enviar dinero, flores y otros valores a República Dominicana. Con 11 sucursales en Puerto Rico, el Consorcio Oriental ofrecía "seguridad y seriedad" en sus transacciones comerciales con Santo Domingo y Nueva York, mientras que Ligerito Express prometía "solidez y rapidez" en los envíos a sus 15 oficinas en Santo Domingo, San Pedro de Macorís, La Romana, Higüey, Miches, Nagua, Gaspar Hernández y otros centros emisores de emigrantes dominicanos.

Este tipo de empresa podría rebautizarse como de mediación *trans*nacional, para dar cuenta de las complejas redes financieras entre San Juan, Santo Domingo y Nueva York. Según el Banco Interamericano de Desarrollo, en el año 2008 los inmigrantes dominicanos enviaron 3,111 millones de dólares en remesas a sus familiares en ese país. De ese monto, al menos el 9% —unos 280 millones de dólares— les correspondería a los dominicanos residentes en Puerto Rico. Las remesas son actualmente la segunda fuente de divisas en República Dominicana, después del turismo.

Finalmente, una categoría residual —que tendría que refinarse mucho más a base de la investigación de campo— incluiría una gran variedad de servicios comerciales y profesionales orientados hacia una clientela puertorriqueña. Talleres de hojalatería y pintura, negocios de venta de automóviles, garajes, ebanisterías, imprentas, sastrerías, compañías de construcción y oficinas de médicos se anunciaban en las páginas de la *Guía de dominicanos en Puerto Rico*. También habría que añadir el creciente número de inversionistas dominicanos que han incursionado en el mercado puertorriqueño para ampliar sus redes financieras, sin necesariamente inmigrar al país. Casos conocidos de este tipo serían el negocio de distribución de automóviles, Autogermana, y los intentos fallidos por parte de un grupo de empresarios dominicanos de comprar los hoteles del Condado Beach Trio.

Esta última categoría empresarial, compuesta mayormente por pequeños negocios, es probablemente la más representativa de la comunidad dominicana en la Isla. El que sus nombres y clientelas, con pocas excepciones, no sean dominicanas sugiere que difieren significativamente de sus contrapartidas en Nueva York, donde según Portes y Guarnizo ha surgido una especie de proto-enclave económico. En Puerto Rico, los empresarios dominicanos no han establecido un nicho de negocios étnicos entrelazados en distintos sectores económicos, como lo han hecho otros grupos de inmigrantes en Estados Unidos. El caso de los cubanos en Miami es el prototipo del enclave latino. Cómo, cuándo y por qué los empresarios dominicanos se han insertado en la economía puertorriqueña es un tema que amerita mayor estudio y reflexión.

La impresión que se desprende de este breve inventario

de la actividad empresarial de los dominicanos en Puerto Rico es que han creado numerosos empleos, especialmente en el sector de los servicios, el comercio y la construcción. Esta impresión, que deberá ser corroborada por estudios posteriores, sugiere una razón básica para cuestionar el mito del desplazamiento laboral: en la medida en que muchos inmigrantes dominicanos establecen sus propias empresas, por pequeñas que sean, contribuyen al desarrollo económico de la Isla. Dichas empresas aportan capitales, salarios, impuestos, tecnologías, bienes y servicios, así como consumen otros productos dentro de la economía local. En síntesis, los empresarios dominicanos no les quitan el trabajo a los puertorriqueños, sino que crean fuentes adicionales de riqueza en Puerto Rico.

UN DÍA SIN DOMINICANOS

El primero de mayo de 2006, más de un millón de personas participó en un paro nacional para defender los derechos de los inmigrantes en Estados Unidos. Bajo la consigna de "Un día sin inmigrantes", las manifestaciones populares dramatizaron la aportación económica de los trabajadores extranjeros a ese país. A su vez, varios sindicatos y organizaciones no gubernamentales en México y otros países latinoamericanos convocaron a no comprar "Nada gringo" en solidaridad con sus compatriotas residentes en el norte. Muchos líderes comunitarios aludieron a la película *Un día sin mexicanos*, dirigida por Sergio Arrau en el 2004. Este docudrama ilustra jocosamente las múltiples repercusiones de la repentina desaparición de un tercio de los habitantes de California, mayormente de origen mexicano, cuando una misteriosa nube rosada aísla a ese estado del resto del mundo.

¿Qué pasaría en Puerto Rico, si mañana se esfumaran los inmigrantes de República Dominicana? Miles de hogares boricuas de clase media se quedarían sin limpiar al escasear las empleadas domésticas. Cientos de niños y ancianos tampoco tendrían quienes los cuidaran. La grama de incontables patios de urbanizaciones crecería libremente porque habría menos jardineros. Numerosas obras de construcción seguirían inconclusas por falta de albañiles, carpinteros y electricistas. No habría quien recogiera la cosecha del café en las montañas. Muchos restaurantes y cafeterías no tendrían suficientes meseros, cocineras y lavaplatos. También harían falta muchos buenos médicos, ingenieros, empresarios, maestros y periodistas.

En el área metropolitana de San Juan, algunas paradas de guaguas y carros públicos estarían prácticamente abandonadas. Vecindarios enteros, como Capetillo, Santa Rita, Gandul, Villa Palmeras y la Calle Loíza, parecerían pueblos fantasmas. Numerosos vendedores, cajeras y clientes se ausentarían del Paseo de Diego y la Plaza de Río Piedras. La Placita Barceló de Barrio Obrero estaría desierta.

Nadie desayunaría mangú ni tomaría "morir soñando" para refrescarse. Las velloneras de barras y discotecas dejarían de tocar pericos ripiaos y bachatas. La Virgen de Altagracia perdería a casi todos sus devotos en la Isla. Los chistes dominicanos cesarían momentáneamente.

Las agencias de envíos de valores no tendrían qué enviar a República Dominicana. La gran mayoría de los vuelos entre San Juan y Santo Domingo estaría desocupada. El ferry a Mayagüez permanecería anclado en el Malecón de la capital dominicana. Los agentes de inmigración jugarían cartas para matar el aburrimiento. El personal del consulado dominicano tendría vacaciones hasta nuevo aviso...

Es difícil imaginar un día sin dominicanos en Puerto Rico, al igual que un día sin mexicanos en Estados Unidos. En ambos casos, la creciente presencia de extranjeros se ha convertido en un elemento irreversible de la fuerza laboral, la cultura popular y la vida diaria. Cualquier intento por excluir a los inmigrantes, documentados o no, de las sociedades receptoras está destinado al fracaso. Ningún muro como el que pretende construirse a lo largo de la frontera entre México y Estados Unidos, ninguna patrulla fronteriza como la que quiere establecerse en las Islas Vírgenes Americanas, detendrá el éxodo incontenible de personas obligadas a buscar mejor vida fuera de sus lugares de origen. La política migratoria en Estados Unidos y por ende en Puerto Rico debe partir de premisas más razonables, como que los inmigrantes están aquí para quedarse; que contribuyen enormemente a los países anfitriones y que, como proclamaban muchas pancartas el primero de mayo de 2006, ningún ser humano es ilegal.

LA SERIEDAD DEL HUMOR ÉTNICO EN PUERTO RICO

El humor étnico es sumamente popular a través del mundo, especialmente en países con numerosas poblaciones inmigrantes y gran diversidad cultural, como Estados Unidos, Canadá y varias naciones europeas. Mucha gente parece disfrutar al contar chistes despectivos sobre otros grupos definidos por lugar de nacimiento, origen nacional, identidad racial o afiliación religiosa. Los miembros del grupo siempre se representan más favorablemente a sí mismos que a los demás. En algunos casos, las bromas y epítetos étnicos forman parte de una serie más amplia y perniciosa de estereotipos, prejuicios, discriminación, exclusión y persecución. En Estados Unidos, muchas expresiones del humor popular han sido etnocéntricas, racistas, sexistas y homofóbicas. Numerosos grupos subalternos —incluyendo a extranjeros, negros, mujeres y homosexuales— han sido ridiculizados por los sectores más privilegiados, particularmente los hombres heterosexuales de la clase media blanca, anglosajona y protestante. Las minorías raciales y los inmigrantes más recientes —desde los indios americanos y los afroamericanos hasta los irlandeses, italianos, polacos y judíos— han sido víctimas del humor étnico con más frecuencia que los miembros de la mayoría dominante.

En Puerto Rico, los chistes étnicos se han hecho cada vez más populares, al mismo tiempo que ha aumentado la inmigración extranjera, especialmente desde República Dominicana. Entre 1980 y 1990, la población nacida en República Dominicana y residente en Puerto Rico se duplicó prácticamente (de 20,558 a 41,193 personas, según el censo) y aumentó a 56,146 en el año 2000. Numerosos estudios de campo realizados durante las décadas de 1980 y 1990 documentaron una imagen pública negativa sobre los inmigrantes dominicanos, basada en cuatro fuentes principales. Primero, una proporción alta (pero desconocida exactamente) de la migración dominicana hacia Puerto Rico es indocumentada. Segundo, muchos dominicanos son negros o mulatos. Tercero, el grueso de los migrantes pertenece a la clase obrera y muchos son de origen campesino. Finalmente, la mayoría son mujeres. Por lo tanto, los dominicanos en Puerto Rico representan una minoría desaventajada en términos jurídicos, raciales, económicos y genéricos.

El prejuicio antidominicano en Puerto Rico se manifiesta de múltiples formas. Los medios de comunicación masiva, especialmente la prensa diaria, se concentran en noticias sensacionalistas como la llegada masiva, captura frecuente y naufragio ocasional de indocumentados, y la asociación común entre ciudadanos dominicanos y actividades ilegales, particularmente el narcotráfico y la prostitución. Varios programas populares de radio y televisión han caricaturizado a los inmigrantes como personajes cómicos, ignorantes, estúpidos, chabacanos, entrometidos o escandalosos —entre ellos, *Entrando por la cocina*. Algunos graffitis en las calles de San Juan han convocado a dar "Muerte a los dominicanos" y al menos en un evento académico se distribuyó anónimamente una hoja suelta denunciando "La plaga dominicana".

Al mismo tiempo, un creciente número de obras literarias, teatrales y fílmicas —como las producidas por Ana Lydia Vega, Magali García Ramis, José Luis Ramos Escobar, Lowell Fiet y Sonia Fritz— ha criticado los estereotipos dominantes sobre los inmigrantes. Estudiosos como Milagros Iturrondo, Yolanda Martínez-San Miguel, Juan Carlos Quintero Herencia, Palmira

Ríos y Luis Rafael Sánchez han demostrado que el folclor puertorriqueño suele retratar a los dominicanos como sujetos extraños, incomprensibles, brutos, ineptos, sucios, inferiores, indeseables, ilegítimos, deshonestos, desordenados y rudos. En incontables bromas, adivinanzas, anécdotas y refranes, los inmigrantes son objetos de burla y rechazo, primordialmente por su acento extranjero, apariencia física, idiosincrasia cultural y residencia irregular. En síntesis, los dominicanos se han convertido en una especie de chupacabras del humor étnico en Puerto Rico.

El tema recurrente de los chistes boricuas sobre los dominicanos es su incapacidad supuestamente natural para pensar, hablar y actuar apropiadamente en una sociedad urbana e industrial como la puertorriqueña. Muchas historias reales o imaginadas se mofan de la escasa inteligencia, educación y experiencia de los inmigrantes con artículos de consumo moderno, tales como microondas, teléfonos celulares, planchas eléctricas y otros enseres domésticos. Numerosos chistes se burlan de la pronunciación, entonación y vocabulario peculiar de los dominicanos, así como de su falta de dominio del idioma inglés. Aún otros cuentos parodian su falta de destrezas técnicas, limitados conocimientos culturales y dificultades prácticas para enfrentar la vida diaria en un país extranjero. Toda una serie de chistes recrea los esfuerzos tragicómicos de los indocumentados por evadir la vigilancia de las autoridades de inmigración de Estados Unidos. Algunas narraciones se concentran en los pequeños conflictos vecinales en torno a los ruidos, malos olores o conductas alborotosas, atribuidos frecuentemente a los extranjeros en diversas partes del mundo. De esta manera, el humor popular sobre los dominicanos en Puerto Rico tiende a justificar su subordinación, marginalidad y exclusión de ciertos empleos, áreas residenciales e instituciones prestigiosas.

Los chistes étnicos forman parte de un amplio repertorio de prácticas culturales que estigmatizan a los inmigrantes, desde comentarios informales hasta acusaciones infundadas por altos funcionarios gubernamentales acerca de la supuesta conexión entre los dominicanos y la criminalidad. En una encuesta de opinión pública, realizada en 1997, encontré muchas muestras de hostilidad hacia los extranjeros entre residentes puertorriqueños del área metropolitana de San Juan. La mayoría de los entrevistados creía que la inmigración extranjera en la Isla, particularmente de República Dominicana, estaba fuera de control y que debía restringirse por las autoridades estatales. La queja más común de los puertorriqueños era que "los dominicanos nos están quitando nuestros trabajos" y, por extensión, contribuyen a aumentar las tasas de desempleo, pobreza, superpoblación, criminalidad y otros problemas sociales en la Isla.

Al indagar sobre las causas de este discurso antiinmigrante, la encuesta recogió múltiples referencias al tamaño limitado de la Isla: "no hay espacio para nosotros, y los otros vienen a quitárnoslo"; "Puerto Rico tiene un territorio pequeño y es difícil absorber a tanta gente"; "ya estamos saturados" y "esto es una invasión, no hay espacio". Vinculada a esta percepción estaba la idea del hacinamiento: "hay muchos extranjeros aquí, no creo que la Isla aguante más"; "debe haber un límite a sus números"; "el país se está llenando de extranjeros y los puertorriqueños están siendo desplazados"; "somos demasiados, no cabemos aquí"; "estamos llenos de gente" y "no hay suficientes camas para tanta gente".

Además, muchos entrevistados mencionaron la falta de recursos materiales para justificar la reducción del flujo de inmigrantes en Puerto Rico: "los extranjeros desplazan a los trabajadores puertorriqueños"; "hay mucho desempleo y problemas sociales"; "necesitamos proteger los empleos para los puertorriqueños"; "se van a quedar con todo, el comercio... todo" y "no hay suficientes recursos". Un entrevistado resumió este punto de vista de forma telegráfica: "demasiada gente, muy poco trabajo".

En un tono más severo, algunos entrevistados opinaron que "necesitamos controlar a los dominicanos porque ya son demasiados y están cometiendo muchos crímenes"; "me molestan los dominicanos"; "los dominicanos les quitan los trabajos a los puertorriqueños, les quitan servicios médicos y ayudas"; "debemos limitar la entrada de los dominicanos porque su cultura y sus costumbres son muy diferentes de las nuestras", y "sobre todo, los dominicanos, ya hay demasiados aquí, son parásitos, criminales".

Como sugieren las citas anteriores, muchos puertorriqueños se sienten amenazados por lo que perciben como una "invasión extranjera". No es casual que la frase en inglés *illegal alien* pueda traducirse literalmente como "extraterrestre ilegal", ya que los indocumentados son considerados frecuentemente como "invasores" extraños de otro país y hasta de otro planeta. Además del lenguaje militar, las metáforas acuáticas se repiten en el imaginario popular sobre la inmigración: mucha gente teme que las "oleadas" de extranjeros se conviertan en una verdadera "marejada" que "inunde" a la población nacida en la Isla. Una preocupación relacionada es que la identidad nacional puertorriqueña se erosione aún más con el influjo de costumbres y creencias ajenas. También causa inquietud que los extranjeros puedan decidir los resultados de las elecciones y plebiscitos sobre el futuro político de Puerto Rico. La mayoría de los puertorriqueños entrevistados en San Juan pensaba que los dominicanos (y cubanos) no deben votar en las elecciones locales, aun cuando hayan adquirido la ciudadanía estadounidense. En resumen, la opinión pública puertorriqueña articula un discurso de resistencia, resentimiento y hostilidad contra los extranjeros en la Isla.

La percepción dominante sobre los dominicanos en Puerto Rico es comparable a la existente sobre los haitianos en República Dominicana. La forma y el contenido de muchos chistes dominicanos contados por puertorriqueños se parecen irónicamente a los de muchos chistes sobre haitianos en Santo Domingo (así como sobre puertorriqueños en Estados Unidos). El folclor dominicano representa comúnmente a los haitianos como seres inferiores, salvajes y despreciables. Al igual que los dominicanos en Puerto Rico, los haitianos en República Dominicana son estereotipados como "los Otros" —negros, pobres, ignorantes, criminales y peligrosos. Más aún, muchos dominicanos consideran que los haitianos hablan un *patois* incomprensible, tienen una sexualidad descontrolada y practican la brujería y otras costumbres primitivas como chupar sangre.

El prejuicio antihaitiano en República Dominicana se basa en una larga historia de conflictos fronterizos, migraciones internacionales y manipulación ideológica por políticos e intelectuales dominicanos, junto con su perpetuación mediante el currículo escolar, las campañas electorales y otras prácticas institucionalizadas. Aunque las causas específicas del prejuicio varían de un país a otro, la imagen pública de los haitianos en Santo Domingo y los dominicanos en San Juan es sorprendentemente similar. En ambos casos, los inmigrantes sirven como chivos expiatorios visibles y fáciles de culpar por las tensiones raciales, étnicas, políticas y económicas subyacentes en la sociedad receptora. En República Dominicana al igual que en Puerto Rico, los extranjeros indocumentados, de piel más oscura y de clase obrera, que "lucen" o suenan diferentes, son especialmente vulnerables al ridículo, el hostigamiento y la repulsión. Sin embargo, en virtud de su origen nacional, todos los inmigrantes haitianos y dominicanos están sujetos a un intenso estigma popular.

En síntesis, el humor étnico en Puerto Rico así como en otros países sirve para canalizar actitudes y conductas negativas hacia los grupos menos poderosos. Las bromas, adivinanzas y cuentos populares sobre los inmigrantes dominicanos tienden a reforzar estereotipos basados en el origen nacional, la apariencia física y las diferencias lingüísticas y culturales. Tales códigos de exclusión cotidiana intensifican el racismo y la xenofobia, haciéndolos parecer naturales, ordinarios e inocentes. Al circular ampliamente imágenes peyorativas de los dominicanos, los chistes puertorriqueños promueven la indiferencia moral, la intolerancia cultural, el abuso verbal e incluso la agresión física. Representar a los dominicanos como campesinos tontos, analfabetos y atrasados no fomenta sentimientos de compasión y solidaridad interétnica. Por el contrario, propicia incomprensión, distanciamiento, antipatía y fricción entre puertorriqueños y dominicanos. Como sugieren las experiencias históricas de los judíos en Alemania y los negros en el sur de Estados Unidos, o los ejemplos más recientes de los turcos en Alemania y los dominicanos en España, el humor étnico está vinculado estrechamente con el prejuicio, la discriminación y la violencia. Dado que miles de migrantes puertorriqueños han sufrido personalmente el desdén público en Estados Unidos, resulta urgente combatir las expresiones más virulentas de etnocentrismo y racismo que han proliferado en las últimas décadas en Puerto Rico.

¿ES USTED CIUDADANO AMERICANO?

Ésa es la pregunta clave que les hacen a muchos viajeros desde Puerto Rico hacia Estados Unidos. A mí me la hacen pocas veces; supongo que los inspectores de inmigración piensan que parezco un turista gringo y me hablan inglés. Pero si usted tiene la piel oscura y "luce dominicano", probablemente le preguntarán si es ciudadano estadounidense. Y si tiene "acento dominicano", difícilmente le dejarán montarse en el avión sin presentar una visa, tarjeta de residente o pasaporte. Los agentes federales evidentemente utilizan un perfil racial, lingüístico y de clase para seleccionar a los sospechosos de ser inmigrantes indocumentados de República Dominicana.

En su cuento corto con título largo, "Retrato del dominicano que pasó por puertorriqueño y pudo emigrar a mejor vida a Estados Unidos", Magali García Ramis recoge de manera humorística muchos de los clichés sobre cómo "luce" un dominicano en Puerto Rico. El cuento narra la historia de un indocumentado de piel clara, Asdrúbal, que intenta burlar las autoridades de inmigración en San Juan para abordar un avión a Nueva York. Sus amigos puertorriqueños de la Parada 15 en Santurce le enseñan a caminar, vestirse, mirar, cortarse el pelo y hablar como un "boricua bragao". Incluso, el protagonista tiene que cambiar su nombre exótico por uno que suene más puertorriqueño, como Willie o "Ilving". Sobre todo, debe aprender a contestar "Puelto Jrico" cuando le pregunten dónde nació. Finalmente logra pasar el punto de inspección en el aeropuerto y volar a territorio continental. Al hacerlo, no sólo cruza la frontera geopolítica entre la Isla y el continente, sino la brecha cultural entre Quisqueya y Borinquen.

Este simulacro tragicómico no es nada más producto de la imaginación de una escritora de ficción. Hace varios años, un ciudadano estadounidense de origen puertorriqueño fue detenido varias veces en el aeropuerto de Isla Verde mientras intentaba viajar a Estados Unidos, porque "lucía dominicano". Este señor se negó a contestar la pregunta del inspector de inmigración y mostró una tarjetita que leía: "¿Usted cree que soy dominicano? Pues pruébelo". Cada vez que sacaba la tarjeta, lo paraban para cuestionarlo. En alguna ocasión el viajero seudomudo perdió su vuelo. Posteriormente demandó al Servicio de Inmigración y Naturalización, alegando que era inconstitucional detener a un ciudadano estadounidense que viajaba entre la Isla y el continente. Lamentablemente, el juez dictaminó que los funcionarios gubernamentales tenían derecho a arrestarlo, interrogarlo y hasta registrarlo si tenían una sospecha razonable de que era un indocumentado.

Todo esto confirma que el perfil oficial y popular de un inmigrante de República Dominicana se arraiga en ideas preconcebidas sobre su apariencia física, especialmente el color de la piel, la ropa y el "acento" al hablar español, que no siempre corresponden a las características de las personas de origen dominicano. Más aún, sugiere que la frontera entre Puerto Rico y Estados Unidos no es meramente simbólica ni imaginaria, sino jurídica e institucional. A más de 100 años de la Guerra Hispanocubanoamericana, la Isla sigue siendo un territorio no incorporado de Estados Unidos, que "pertenece a pero no es parte de" la unión americana. De ahí que el gobierno federal pueda establecer prácticas discriminatorias como preguntarle a uno si es ciudadano estadounidense para impedir que entren personas clandestinamente al territorio continental. Si tales prácticas resultan efectivas o si se eluden diariamente, ésos son otros 20 pesos.

¿UNA NACIÓN SIN INMIGRANTES?

La historia de Estados Unidos ha oscilado tradicionalmente entre la atracción y la repulsión hacia los inmigrantes. En algunas épocas, especialmente las de expansión económica, la opinión pública estadounidense ha recibido con brazos abiertos a numerosas personas provenientes de otros países. Esta tendencia hospitalaria se consagró en el célebre poema de Emma Lazarus, inscrito en la base de la Estatua de la Libertad: "*Give me your tired, your poor, your huddled masses, yearning to be free*" ("Denme sus masas cansadas, pobres, apiñadas, ansiosas de ser libres"). Otra expresión de esta postura incluyente fue la caracterización de Estados Unidos como "una nación de inmigrantes" por el ex presidente John F. Kennedy. Entre 1820 y 2007, Estados Unidos admitió a más de 73 millones de inmigrantes de todas partes del mundo, especialmente de Europa Occidental.

En otros momentos, como a fines del siglo XIX, la llegada masiva de campesinos pobres y analfabetos, que generalmente no hablaban inglés y frecuentemente no profesaban la fe protestante, perturbó a amplios sectores de la población estadounidense. En tales situaciones se activaron fuertes corrientes nativistas, incluso de corte racista y xenofóbico. Como resultado, las leyes migratorias se hicieron cada vez más selectivas, especialmente en cuanto a origen nacional. El episodio más infame de esta política restrictiva fue la larga prohibición de la inmigración china (1882-1943). Durante este período, también se intentó excluir a japoneses, indios asiáticos y naturales del Medio Oriente. En la década de 1990, la inmigración legal de más de nueve millones de personas superó los niveles de principios de siglo XX, cuando se habían registrado las cifras más elevadas de extranjeros en Estados Unidos. Después de los ataques terroristas del 11 de septiembre de 2001, las preocupaciones por la seguridad nacional y el control de las fronteras, así como la defensa del inglés como idioma extraoficial de Estados Unidos, intensificaron la presión para cerrarles las puertas a los inmigrantes, sobre todo indocumentados, particularmente latinoamericanos y caribeños. Una señal de esa hostilidad fue un controvertido plan para organizar campamentos de trabajadores indocumentados que construyeran un muro entre Estados Unidos y México.

El 16 de diciembre de 2005, la Cámara de Representantes de Estados Unidos aprobó el proyecto H. R. 4437, titulado "Ley de protección de la frontera, antiterrorismo y control de la inmigración ilegal", radicado por el republicano James Sensenbrenner y coauspiciado por otros 35 legisladores. Su propósito básico era reforzar el control de las fronteras para impedir la entrada de "extranjeros ilegales" y terroristas al territorio estadounidense. Este proyecto era primordialmente un intento del ala derecha del Partido Republicano por endurecer la política migratoria de Estados Unidos, particularmente hacia México y Centroamérica. Del total de 239 votos a favor, 203 fueron republicanos; de los 182 votos en contra, 164 fueron demócratas. La iniciativa obtuvo su mayor apoyo entre los representantes electos del medio oeste y sur de Estados Unidos, con una población hispana poco numerosa pero en aumento.

De haberse aprobado, el proyecto H. R. 4437 habría convertido la residencia ilegal en Estados Unidos en un delito serio. Entre otras medidas, se planteaba aumentar las penalidades a los traficantes de indocumentados; establecer un sistema retroactivo de verificación de empleo por los patronos;

autorizar a la policía estatal para solicitar documentos de inmigración y sancionar a los indocumentados y a aquellos individuos y organizaciones que los ayuden a ingresar y permanecer en territorio estadounidense. También se proponía crear una unidad de la Patrulla Fronteriza en las Islas Vírgenes Americanas y construir un muro de 700 millas a lo largo de la frontera con México, especialmente en California, Texas y Arizona. En síntesis, la iniciativa promovía acciones principalmente punitivas y represivas contra unos 12 millones de indocumentados, mayormente mexicanos, en Estados Unidos.

Más de 500 organizaciones religiosas, cívicas, étnicas, obreras, empresariales y profesionales se opusieron tenazmente al proyecto H. R. 4437. Entre éstas figuraban el Comité Judío Americano, los Servicios Jesuitas para Refugiados y el Servicio Luterano de Inmigración y Refugiados; Amnistía Internacional y la Unión Americana de Libertades Civiles; la Alianza Guatemalteca, la Asociación Árabe Americana de Nueva York, el Consejo Nacional de la Raza y la Mesa Redonda Nacional Domínico-Americana; la Federación Americana del Trabajo y los Trabajadores Agrícolas Unidos; la Cámara de Comercio de Estados Unidos y la Asociación Americana de Abogados. También surgieron congregaciones multitudinarias en numerosas ciudades, desde San Francisco y Phoenix hasta Washington y Chicago, donde marcharon más de 100,000 personas el 10 de marzo de 2006 para defender los derechos de los indocumentados. El cardenal de Los Ángeles, Roger Mahoney, instó a sacerdotes y feligreses católicos a desobedecer la ley, si ésta se aprobaba. Pero la muestra más visible de la impopularidad del proyecto Sensenbrenner fueron las protestas masivas del primero de mayo de 2006.

Desde un principio, la propuesta ley establecía una peligrosa equivalencia entre indocumentados (llamados *illegal aliens*, como si fueran extraterrestres) y terroristas. Por eso muchos protestantes contra el proyecto llevaron pancartas reclamando que "ningún ser humano es ilegal". Se trata de una lucha entre los sectores más conservadores de la población blanca estadounidense y una coalición de diversos grupos étnicos, en que predominan los hispanos, que favorecen una reforma migratoria más amplia. La implementación de un proyecto como el de Sensenbrenner podría retrasar la integración de millones de personas, principalmente mexicanas y centroamericanas, en la sociedad estadounidense. Pero definitivamente no resolvería el problema de la población indocumentada, que requiere medidas más constructivas, como la legalización de los residentes irregulares de Estados Unidos y la promoción del desarrollo económico de los países latinoamericanos y caribeños.

El 25 de mayo de 2006, el Senado de Estados Unidos aprobó el proyecto S. 2611, titulado "Ley de reforma comprensiva de inmigración", patrocinado por los republicanos Arlen Specter y John McCain, el demócrata Edward Kennedy y otros miembros de ese cuerpo legislativo. Aquí el voto estuvo más dividido que en la Cámara de Representantes: de los 62 votos a favor, 38 fueron demócratas; de los 36 en contra, 32 fueron republicanos. La propuesta tuvo su principal soporte en senadores provenientes de estados con una fuerte presencia de inmigrantes de origen latinoamericano, como California, Florida y Nueva York. También fue respaldada por algunas organizaciones comunitarias opuestas al proyecto Sensenbrenner.

A diferencia del proyecto de la Cámara, el del Senado autorizaría la entrada de unos 200,000 trabajadores temporales al año y permitiría a parte de la población indocumentada legalizarse y eventualmente hacerse ciudadanos estadounidenses. Además, la versión senatorial hacía hincapié en la prevención de la construcción de túneles a lo largo de la frontera con México, por los que pasan indocumentados, terroristas, armas ilegales y sustancias controladas. A la vez, urgía la cooperación entre los gobiernos de Estados Unidos y México para combatir el tráfico de indocumentados. Finalmente, requería que los inmigrantes aprendan inglés para regularizar su estadía en Estados Unidos, una medida criticada fuertemente por detractores del movimiento *English Only*. Al fin y al cabo, las propuestas de la Cámara de Representantes y el Senado eran irreconciliables. El debate congresional se polarizó fundamentalmente entre aquellos que insistían en penalizar a los indocumentados y sus patronos, y los que reconocían su necesidad económica y derechos humanos. Curiosamente, el presidente George W. Bush fue una de las voces más moderadas en la controversia, tratando de mediar entre los que preferirían deportar a todos los "extranjeros ilegales" y los que abogaban por una amnistía general. En mayo de 2006, una encuesta del Pew Hispanic Center mostró que la opinión pública estadounidense estaba igualmente dividida en torno a las medidas consideradas por el Congreso: el 53% de los entrevistados pensaba que los indocumentados debían regresar a sus países de origen, mientras el 40% estaba de acuerdo en otorgarles residencia legal en Estados Unidos.

Entonces, ¿cuál sería el impacto de una política más restrictiva de Estados Unidos hacia la migración indocumentada? En primer lugar, probablemente dificultaría (aunque no detendría) el movimiento no autorizado de personas, al redoblar la vigilancia de la Guardia Costera y la Patrulla Fronteriza. En segundo lugar, pospondría la legalización de miles de personas que no cumplieran con los requisitos establecidos, como probar que han residido cinco años en territorio estadounidense y hablan inglés. En tercer lugar, las medidas que penalizan aún más la contratación de trabajadores indocumentados empujarían a un número mayor de éstos hacia la economía subterránea, especialmente en sectores de alta demanda de mano de obra barata. Por último, las reformas migratorias propuestas reforzarían un clima cada vez más hostil contra los extranjeros, especialmente indocumentados y latinos. En particular, contribuirían a legitimar la opinión pública generalizada de que los indocumentados son criminales indeseables, peligrosos y costosos para los gobiernos receptores. Las tendencias actuales sugieren la consolidación de un discurso antiinmigrante cada vez más poderoso en Estados Unidos, que incidió en las elecciones presidenciales del año 2008. En ocasiones, el debate público insinúa que Estados Unidos debería transformarse de una nación de inmigrantes a una sin ellos.

MEJOR CONSTRUIR PUENTES QUE MUROS

El 26 de octubre de 2006, el presidente George W. Bush firmó una ley aprobada por el Congreso de Estados Unidos, que autorizaba la construcción de una enorme pared de acero a lo largo de la frontera de 1,952 millas con México. Esta ley le requería al Secretario del Departamento de Seguridad Interior que estableciera un muro de doble valla y barreras físicas adicionales, incluyendo bloqueos de carreteras, registros de vehículos, luces y cámaras. Además, el presidente Bush trasladó a unos 6,000 miembros de la Guardia Nacional a la frontera suroeste para prevenir la entrada de indocumentados, terroristas, narcotraficantes y otros extranjeros indeseables. La administración Bush también intentó levantar una "barrera virtual" entre México y Estados Unidos mediante radares, cámaras infrarrojas, sensores electrónicos, satélites, aviones no tripulados y equipos de huellas digitales. Sin embargo, el Congreso sólo le asignó unos 1,500 millones de dólares al proyecto del muro —poco más de dos tercios de los 2,240 millones que hacen falta para cubrir apenas 370 millas de la frontera. Se calcula que el alucinante costo de construir y mantener el muro durante 25 años ascenderá a 49,000 millones de dólares.

Algunos lectores recordarán que la controvertida medida formaba parte de varias propuestas fallidas para reformar las leyes migratorias estadounidenses entre los años 2005 y 2006. Una de las principales razones para engavetar el proyecto

4437 de la Cámara de Representantes y el 2611 del Senado fue la profunda escisión entre legisladores republicanos y demócratas. En general, los republicanos favorecían una línea dura hacia la inmigración no autorizada, mientras que los demócratas estaban más dispuestos a legalizar a parte de los 12 millones de indocumentados, predominantemente de origen mexicano. Recuérdese también que el primero de mayo de 2006 varias manifestaciones multitudinarias a través del territorio estadounidense abogaron por una reforma migratoria más justa, bajo la consigna de que "ningún ser humano es ilegal". Tales expresiones públicas de rechazo a leyes más punitivas de la migración tuvieron un impacto disuasivo sobre muchos políticos, especialmente en un año eleccionario.

La construcción del muro ha generado intensa oposición dentro y fuera de Estados Unidos, entre otras instancias, por la Conferencia Nacional de Obispos Católicos, el movimiento sindical, las organizaciones de derechos civiles, el gobierno mexicano, la Organización de Estados Americanos, la Unión Europea, la Internacional Socialista y el Vaticano. La enérgica condena del proyecto se ha concentrado en su cuestionable capacidad para regular el flujo de indocumentados y en sus implicaciones racistas y xenofóbicas. Después de todo, se cercará la frontera sur con México y no la frontera norte con Canadá. No obstante, varios aspirantes a candidatos presidenciales por el Partido Republicano —entre ellos Tom Tancredo, Mitt Romney y Duncan Hunter— apoyaron la estrategia para captar votos de un amplio sector de la población estadounidense que se siente amenazado por la creciente inmigración de México y otros países latinoamericanos. Irónicamente, según encuestas recientes, la mayoría de los electores de California, uno de los estados más afectados por el amurallamiento, no favorece tal medida.

¿De qué servirá esa imponente barrera física entre Estados Unidos y México? Pocos analistas serios piensan que cumplirá su meta explícita de detener el masivo flujo de personas sin papeles a través de California, Nuevo México, Arizona y

Texas. Más bien, probablemente lo desviará hacia áreas más remotas y menos vigiladas, y aumentará el costo económico y humano de cruzar la frontera. Tal vez incrementará el número de túneles subterráneos para burlar la vigilancia estatal en distintos puntos de ingreso al territorio estadounidense. Sólo los contrabandistas de seres humanos (los "coyotes") se beneficiarán de tales cambios en las rutas migratorias tradicionales. Más aún, el muro contribuirá a polarizar a la sociedad estadounidense en tribus políticas —republicanos contra demócratas—, religiosas —protestantes contra católicos— y étnicas —anglosajones contra latinos y otras minorías. Peor todavía, agudizará el resentimiento contra los extranjeros y sus descendientes, especialmente los que "luzcan" diferentes a los blancos nativos. No es ningún secreto que el prejuicio y la discriminación racial y étnica se han agravado en Estados Unidos, sobre todo a raíz del aumento de la inmigración latinoamericana y asiática, y los ataques terroristas del 11 de septiembre de 2001. Desde entonces, controlar la migración indocumentada y proteger las fronteras terrestres y marítimas forman parte integrante de una gran intranquilidad pública por la seguridad nacional.

Como han señalado representantes de varios organismos interestatales, levantar barreras físicas dificultará el diálogo, la cooperación y la buena voluntad entre Estados Unidos y sus países vecinos. De ahí que los gobiernos de México, Guatemala, El Salvador y Venezuela, entre otros, hayan protestado contra el muro. Tampoco sorprende que múltiples sectores de la comunidad internacional —incluyendo a aliados tradicionales de Estados Unidos— hayan criticado abiertamente el gesto del gobierno de Bush de atrincherarse detrás de una pared metálica y electrónica. La militarización de la frontera mexicanoamericana le comunica al resto del mundo un mensaje sumamente poderoso, aunque poco atractivo. En síntesis, el amurallamiento tendrá un efecto fundamentalmente simbólico más que práctico: subvertir el tradicional espíritu estadounidense de apertura a los inmigrantes, consagrado en los famosos versos inscritos al pie de la Estatua de la Libertad. Ahora se trata de cerrarles las puertas a las "masas oprimidas". La hospitalidad ha cedido a la hostilidad.

Para muchos estadounidenses conservadores, el muro es una estrategia necesaria para controlar el número de "extranjeros ilegales". Para muchos mexicanos y otros latinoamericanos, es un emblema de arrogancia, exclusión, intolerancia y hasta hipocresía. Curiosamente, el grueso de los obreros empleados para erigir el muro probablemente será de ascendencia mexicana. Ya una compañía estadounidense fue acusada de contratar indocumentados en el trayecto entre San Diego y Tijuana.

En todo caso, sería más efectivo a largo plazo invertir más recursos en fortalecer la educación y la salud pública en Estados Unidos, e incluso en promover el desarrollo económico de México y otros países emisores de migrantes. Ésa es la moraleja de una canción del popular grupo musical mexicanoamericano, "Los Tigres del Norte". En "El muro", la banda hace un llamado a un tratamiento más sensato sobre la inmigración del que ha predominado en el debate público: "Oiga señor presidente, / mejor construya un puente / que somos aquí mucha gente / y gente inteligente".

ELVIRA ARELLANO

En el noroeste de Chicago queda el antiguo barrio puertorriqueño de Humboldt Park. Allí, en la calle Division, está el Paseo Boricua, el corazón simbólico de la comunidad. En medio de esa calle se encuentra la Iglesia Metodista Unida Adalberto. En el segundo piso de un viejo edificio de madera, entre imágenes de la Virgen de Guadalupe y fotografías de su hijo Saulito, vivió recluida por más de un año la inmigrante indocumentada mexicana, Elvira Arellano. Gracias a las gestiones de la profesora Maura Toro-Morn, conocí a Elvira en noviembre de 2006. También conversamos con Beti Guevara, pastora asociada de la iglesia, una enérgica puertorriqueña que acompañaba constantemente a Elvira y hablaba rápidamente en español e inglés. Elvira es de estatura menuda, ojos achinados y piel bronceada, con una voz pausada pero segura. Nacida en 1975 en una familia pobre de Michoacán, se convirtió en emblema de millones de personas que luchan por legalizar su residencia en Estados Unidos.

En 1997, Elvira cruzó la frontera mexicana sin papeles y fue detenida, pero regresó inmediatamente y voló a Wapato, Washington, donde trabajó como lavandera y niñera. Allí conoció a Benjamín, el padre de su hijo, de quien se separó posteriormente. En 1999 nació Saulito. Al año siguiente, Elvira se mudó con su bebé a Chicago y consiguió empleo limpiando aviones en el aeropuerto O'Hare, tras presentar una identificación falsa. En el 2002, durante una redada de trabajadores indocumentados, fue arrestada y sentenciada a tres años de probatoria, después de los cuales debía volver a su país. Sin embargo, el 15 de agosto de 2006, Elvira se asiló en la iglesia dirigida por el reverendo Walter Coleman. Desde entonces, la congregación se declaró santuario para inmigrantes indocumentados, aunque las leyes estadounidenses no reconocen el derecho al santuario.

Elvira fue la cara más visible de un amplio movimiento para enmendar las leyes migratorias y regularizar la situación de millones de residentes indocumentados de Estados Unidos. Varias organizaciones cívicas y religiosas acogieron a Elvira como portavoz de los derechos civiles de los inmigrantes y sus hijos —unos tres millones—, quienes ostentan la ciudadanía estadounidense por nacimiento. En febrero de 2007, una delegación de diputados mexicanos viajó a Chicago y Washington para cabildear por Elvira y Saulito, así como por numerosas familias de origen mexicano, ante el Congreso de Estados Unidos. En junio de ese año, más de 500 menores de edad, incluyendo a Saulito, demandaron al presidente George W. Bush ante la Corte Suprema, para evitar la expulsión de sus padres sin papeles. Al mismo tiempo, Elvira emprendió una "campaña de resistencia" contra el gobierno federal para reclamar una reforma migratoria integral y una moratoria en las redadas de indocumentados.

El caso de Elvira generó pasiones encontradas entre diversos sectores de opinión pública en Estados Unidos. Por un lado estaban los defensores de los indocumentados que proponen una versión más justa y humana de las leyes migratorias, incluyendo un programa de amnistía. Por otro lado estaban los grupos opuestos a cualquier cambio que promueva la llegada de más "extranjeros ilegales" y ponga en peligro la seguridad nacional. Hasta ahora, los dos bandos han asumido posturas irreconciliables, como sugiere el fracaso de varios proyectos congresionales para revisar la política migratoria.

Mientras tanto, Elvira esperaba que las autoridades federales irrumpieran en su refugio para hacer cumplir la orden de deportación contra la que se había rebelado hacía meses. El 19 de agosto de 2007, mientras participaba en unas manifestaciones públicas en Los Ángeles, fue arrestada y repatriada a México. Entonces, Elvira decidió dejar a su hijo en Chicago a cargo de otras personas. Su difícil situación plantea cuestiones fundamentales sobre la población inmigrante en Estados Unidos, como su derecho a trabajar y mantener la unión familiar. Aparte de emigrar sin papeles, el único delito menor que cometió Elvira fue utilizar el Seguro Social de otra persona para sostenerse a sí misma y a su hijo. Ése fue el recurso legal que irónicamente inició su proceso de deportación y finalmente la separó de Saulito.

En el fondo, está en juego si Estados Unidos seguirá definiéndose como una nación de inmigrantes, abierta a quienes buscan mejorar sus condiciones de vida, o si dominará el repudio contra los extranjeros, encarnado en la construcción de un enorme muro a lo largo de la frontera con México. Por el momento, la hostilidad parece prevalecer sobre la hospitalidad.

ANGLOS VERSUS HISPANOS

En el año 2004, el conocido profesor de ciencias políticas, Samuel P. Huntington, publicó un artículo incendiario en la prestigiosa revista *Foreign Policy*, que él mismo fundó. En "The Hispanic Challenge", sostiene que "el persistente influjo de inmigrantes hispanos amenaza con dividir a Estados Unidos en dos pueblos, dos culturas y dos idiomas" (traduzco de la versión electrónica del artículo). La propuesta alarmista del catedrático de Harvard parte de su apreciación de que los hispanos, particularmente los mexicanos, difieren sustancialmente de otros grupos de inmigrantes previos, especialmente los europeos. Los mexicanos provienen de un país contiguo a Estados Unidos; siguen llegando en masa; muchos son indocumentados; se concentran en la región suroeste; hablan español y mantienen fuertes vínculos con su lugar de origen. Según Huntington, estos rasgos distintivos explican por qué los mexicanos —junto a otros hispanos— no se han "asimilado" a la cultura dominante de Estados Unidos.

Una de las premisas básicas de este argumento es que la identidad nacional estadounidense es esencialmente blanca, anglosajona y protestante. Cualquier grupo que no comparta esas características raciales, étnicas, lingüísticas y religiosas difícilmente podrá integrarse a la sociedad estadounidense. Tal definición excluye no sólo a la inmensa mayoría de los hispanos, sino también de los estadounidenses de origen indígena, africano, asiático, hawaiano, irlandés, italiano, judío o árabe. A Huntington le perturba la pérdida de la hegemonía "anglo-protestante" en Estados Unidos, como resultado del multiculturalismo, el bilingüismo y el transnacionalismo. Por ende, asume una postura reaccionaria contra esas fuerzas sociales y políticas.

Huntington se pregunta "qué pasaría si la inmigración mexicana se detuviera abruptamente". Y se contesta que desaparecería la creciente brecha entre angloparlantes e hispanoparlantes en Estados Unidos. Para él, Quebec y Bélgica son ejemplos nefastos de lo que ocurriría si Estados Unidos se transformara en un país bilingüe y bicultural, "a pesar de la oposición de las grandes mayorías de los americanos". "Si esta tendencia continúa", advierte el profesor, "la división cultural entre hispanos y anglos podría reemplazar la división racial entre negros y blancos como la fisura más seria de la sociedad americana". El modelo de ese futuro indeseable es la ciudad de Miami, dominada económica, política y lingüísticamente por los cubanos.

La nostalgia del autor por un país sin hispanos —especialmente sin mexicanos— lo lleva a lamentar que "José" haya desplazado a "Michael" como nombre más común de los recién nacidos en California y Texas. Su visión de mundo entronca con una fuerte corriente nativista, etnocéntrica y antiinmigrante dentro del pensamiento conservador estadounidense. Su insistencia en las "diferencias irreconciliables" —primordialmente lingüísticas y religiosas— entre mexicanos y estadounidenses encubre otra oposición binaria que no puede nombrarse abiertamente: "nosotros" (los blancos) contra "ellos" (los mestizos, los indios, los negros, los Otros).

Quizás aquí radique el mayor peligro de este artículo que, utilizando una retórica culturalista, replantea discursos raciales desacreditados académica y públicamente. Así se recicla la vieja doctrina del Destino Manifiesto con el pretexto de resistirse a "la reconquista del suroeste de Estados Unidos por inmigrantes mexicanos". Esta defensa de la cultura "anglo-protestante" convoca profundos miedos, ansiedades y resentimientos contra las minorías étnicas y raciales que supuestamente "amenazan" a la actual mayoría dominante. Las proyecciones demográficas se encargarán de invertir las relaciones numéricas entre esos dos sectores sociales. Gústele a quien le guste, Estados Unidos será cada vez más una nación multirracial, multiétnica, multicultural, multilingüe y —horror de horrores— anglohispana.

UN INMIGRANTE ROMÁNTICO

Cada año, millones de personas se van a otro país buscando mejores empleos, salarios o condiciones de vida. Cientos de miles son desplazados por motivos políticos, como la represión ideológica, los conflictos étnicos o las guerras civiles. Aún otros se trasladan al exterior para reencontrarse con familiares cercanos. Mi suegro, Warden F. Johnson, emigró por amor.

Los Johnson descienden de inmigrantes escandinavos, particularmente noruegos y daneses, establecidos en el medio oeste de Estados Unidos a fines del siglo XIX. Los abuelos maternos de Warden todavía hablaban danés, cuando él nació en Ludington, Michigan. Luego se mudó con sus padres y su hermana a California. Durante la Segunda Guerra Mundial, ingresó a la Marina de Estados Unidos como teniente y sirvió como piloto de aviones bombarderos en las Islas Sándwich en el Pacífico.

Concluida la guerra, Warden —o "Johnny", como apodaban a todos los Johnson en el ejército— fue asignado a la base naval de Norfolk, Virginia. Durante las vacaciones de Pascua de 1946, conoció a Herminia ("Minita") Guerra, una menuda y vivaracha cubana que estudiaba música en Blackstone, un colegio universitario (ya desaparecido) a 100 millas de Norfolk. Dos soldados habían invitado a salir a tres muchachas de Blackstone, entre ellas Minita. Por tanto, faltaba un cómplice varonil para completar las parejas.

El único soldado disponible, que estaba leyendo en su litera de las barracas aquella noche, era mi futuro suegro, quien aceptó la solicitud de sus camaradas a regañadientes. Warden calculó instantáneamente que, por su estatura, atractivo físico y personalidad, Minita era la presa idónea para sus conquistas sentimentales. Al día siguiente, Warden y Minita se fueron a pasear por la ciudad colonial de Williamsburg. Sus amistades sospecharon (erróneamente) que se habían fugado y casado en secreto. Posteriormente se hicieron novios.

Al terminar sus estudios universitarios, Minita regresó a La Habana. Ella y Warden mantuvieron una intensa correspondencia amorosa por varios años, hasta que Warden se presentó en Cuba con una sortija de compromiso a principios de la década de 1950. Ella aceptó su propuesta, no sin antes exigirle una joya más fina. Después de casarse, Warden laboró como delineante en una firma de ingenieros y enseñó inglés en un instituto privado de La Habana. En más de medio siglo, sólo visitó tres veces a Estados Unidos.

Warden fue aplatanándose gradualmente. Aprendió a hablar español, aunque nunca perdió su fuerte acento gringo. Se convirtió a la Iglesia Católica. Le encantaba ponerse guayaberas con un lacito al cuello. Se acostumbró a colar café puya con una media. Desarrolló un gusto por los frijoles negros, la carne de puerco y los plátanos. Se mudó a una casa de la familia en un suburbio habanero, donde nacieron sus dos hijos. Warden siempre recordaba aquellos años como los más felices de su vida.

Después de la Revolución Cubana, los Johnson tuvieron que salir de Cuba por las crecientes tensiones entre Washington y La Habana. Como ciudadano estadounidense, Warden se sentía vulnerable ante los cambios radicales en la Isla. La compañía donde trabajaba ofreció transferirlo a Estados Unidos, México o Puerto Rico. Minita insistió en venir aquí, porque se hablaba español y había más estabilidad política que en otros países latinoamericanos. Los Johnson llegaron a San Juan en enero de 1961 y aquí rehicieron sus vidas, él como delineante y tutor de inglés y ella como maestra de piano y solfeo. Aquí fijaron su residencia, primero en Santurce, donde criaron a sus hijos, y luego en Hato Rey, donde vieron crecer a sus nietos. Aquí murieron mis suegros y están enterrados juntos en el Cementerio Nacional de Bayamón.

Celebro la insólita historia de amor de Warden y le agradezco que se convirtiera en un inmigrante romántico, para que yo, treinta y tantos años después, pudiera enamorarme y casarme con su hija.

La cultura
popular

INSTRUCCIONES PARA MONTARSE EN UN ELEVADOR

A la memoria de Julio Cortázar

Nadie habrá dejado de observar que la pared se abre frecuentemente de tal manera que varias personas puedan adentrarse en ella para ascender de un piso a otro, a veces a grandes alturas y más velozmente que subiendo las escaleras. Después de introducirse en el muro perforado, los pasajeros se cerciorarán de no dejar ninguna parte del cuerpo afuera. Entonces se aprieta un botón mágico que trasladará inmediatamente a los viajeros a su destino, a menos que el aparato tenga una avería mecánica, en cuyo caso se presionará otro botón con una campanita roja o se empleará un teléfono especial para pedir socorro del exterior. Por una antigua superstición, la máquina suele brincar inexplicablemente del piso 12 al 14, aunque nadie parece confundirse.

    Los elevadores (o ascensores, según algunos puristas del castellano) se montan de frente, como las escaleras, pero una vez adentro debe cambiarse de postura. La actitud natural consiste en colocarse en uno de los extremos de la cabina y girar alrededor de sí mismo, en dirección a la puerta. Si el elevador está vacío, el pasajero podrá relajarse y entretenerse según le plazca, como silbar o tararear su canción preferida. Cuando dos personas comparten la cabina, cada una se apartará a una esquina, como en una pelea de boxeo, y guardará la mayor distancia posible. Es aceptable que el pasajero más cercano a los controles electrónicos le pregunte a otro a qué piso va y apriete el botón correspondiente. También se permite decir buenos días o hacer comentarios insulsos sobre el clima.

Está terminantemente prohibido mirarse fijamente durante el desplazamiento vertical del elevador. Esta norma debe respetarse a toda costa, especialmente cuando la cabina está atestada de gente, haciendo caso omiso del peso máximo que estipula el certificado de seguridad. Todo nuevo pasajero deberá acomodarse del modo descrito anteriormente, dando la vuelta, orientándose al frente y haciendo espacio para los recién llegados, hasta que sus narices prácticamente rocen la plancha de acero. Se recomienda que cada cual mire detenidamente hacia arriba, contando mentalmente los números de los pisos, excepto el 13, que no existe, como ya se señaló.

Las reglas de cortesía requieren silencio dentro del elevador, a menos que sea indispensable dirigirle la palabra a algún conocido. Resulta apropiado jugar con las llaves en los bolsillos, rebuscar papeles dentro del maletín u ojear el periódico durante el breve trayecto. No es admisible tocarse, ni respirarle en el cuello a los demás, ni sudar copiosamente, ni dejar de usar desodorante diariamente, ni mucho menos aflojar el estómago, después de hartarse un plato de arroz con habichuelas, en un espacio enclaustrado.

En caso de emergencia, se seguirán otras pautas de conducta. Si el elevador no funciona y se va la luz, los pasajeros podrán consolarse mutuamente, compartiendo anécdotas personales. Es probable que haya un calor infernal, por lo que los caballeros podrán despojarse de sus chaquetas, pero las damas guardarán el debido recato. Como en el cine o la iglesia, se prohíbe fumar, hablar por celular o sufrir un ataque de nervios dentro de un elevador fuera de servicio. Bebés llorando deberán ser lactados para que se calmen. La conversación fluirá ansiosamente hasta que los rescatadores derriben la entrada y entonces cada quien seguirá su camino, sin preguntarles el nombre ni el teléfono a sus antiguos compañeros de infortunio, por más íntimos que hayan sido el bochinche y la promiscuidad de sus cuerpos.

Tales reglas de etiqueta podrán aplicarse en otros lugares públicos, particularmente si están cerrados y apiñados, tales como cines, restaurantes, bibliotecas, aviones o trenes. Al igual que en los elevadores, lo esencial es mantener una relación inversa entre la distancia física y el contacto visual entre extraños obligatoriamente próximos.

PEGATINAS

Últimamente, han proliferado esas graciosas estampitas adheridas a los cristales traseros de los carros, especialmente las *minivans* y camionetas 4 x 4. Técnicamente se llaman pegatinas, pero en Puerto Rico se conocen popularmente como *stickers*. Guiando por la carretera, usted habrá visto cientos de dibujos de familias enteras, incluyendo a Papi, Mami, dos o tres nenes, a veces un perro o un gato, incluso una cotorra. Aunque los muñequitos varían en tamaño, ropa y color, siempre tienen la misma carita feliz. Supongo que su inventor y distribuidor serán millonarios, así como quien haya patentizado aquel cartel (afortunadamente en peligro de extinción) de "Cuidado, bebé a bordo".

Me pregunto por qué tanto empeño en divulgar los secretos íntimos de la familia a gente extraña. ¿A quién le interesa que el conductor o conductora tenga muchos hijos o que éstos jueguen balompié o pelota? ¿Por qué compartir su mascota favorita con otros infelices choferes en pleno tapón de las cinco de la tarde? ¿Qué raro placer puede derivarse de verificar si las figuras adheridas al cristal coinciden con los pasajeros adentro? Y ¡qué contentos se pondrán los ladrones al saber cuántas personas viven en la casa que están velando para robar!

Las pegatinas sirven aparentemente para personalizar el vehículo en que uno viaja diariamente al trabajo, a recoger a los muchachos o de compras. En ese sentido, forman parte de un extenso repertorio de accesorios comercializados para distinguir su carro, su casa o su cuerpo de los demás. Ahí están las banderitas de Puerto Rico (y de Lares para los independentistas); las proclamas de "Paz para Vieques" y "Cristo te ama"; los orgullosos anuncios de que "Mi hijo es estudiante de honor" y los de "Rincón Puerto Rico 413: Road to Happiness". Cada uno de esos mensajes revela algo importante sobre las múltiples identidades culturales y preferencias personales del conductor o conductora anónima.

Sospecho que los consumidores de pegatinas tienen su propio código para descifrar signos que los no iniciados desconocemos. Así como existen clubes de propietarios de Mitsubishis, Corollitas o Harley-Davidsons, podrían surgir asociaciones de fanáticos de pegatinas que se reúnan regularmente en los estacionamientos de los centros comerciales o las playas los fines de semana. Me imagino que, en tales ocasiones, los miembros competirán por el número de adhesivos en sus carros y el modo de colocarlos en el cristal para no obstruir totalmente la vista del chofer.

Si hiciéramos una encuesta, probablemente encontraríamos que los usuarios más frecuentes de pegatinas son padres y madres entre 30 y 50 años de edad, típicamente de clase media, con un promedio de 1.8 hijos, dos animales domésticos, dos carros, una casa de urbanización y un horno de barbacoa. El que se hayan embarcado en comprar a plazos un espacioso SUV o una *minivan* sugiere un estilo de vida orientado hacia sus hijos en edad escolar.

Por mi parte, comparto muchos rasgos del perfil descrito, pero aún no he puesto ninguna pegatina en mi guagua. Quizás es porque una de las primeras veces que me fijé en los susodichos muñequitos, alguien les había recortado las cabezas a los dibujos de dos niños y las había separado de sus cuerpos. Aunque generalmente no simpatizo con el humor negro, esa imagen me hizo reír a la vez que dudar para siempre de la inocencia de las pegatinas.

CELULARITIS

Investigadores médicos en Puerto Rico, Estados Unidos y otros países han descubierto un nuevo síndrome de origen desconocido pero cada vez más extendido. Esta peculiar condición adictiva no debe confundirse con una inflamación de la piel producida por una infección bacterial. Tampoco debe asociarse con la grasa excesiva en las piernas y los glúteos, que agobia a muchas señoras de cierta edad. La celularitis se caracteriza por diversos síntomas físicos, psicológicos y sociales, tales como fatiga, insomnio y entumecimiento, especialmente del oído, el cuello y los hombros; verborrea —particularmente la incesante repetición de muletillas como "loca" y "mano"— y retraimiento del contexto inmediato en que se desenvuelve la persona. Aunque las causas de la celularitis todavía no se han establecido científicamente, se sospecha que se relacionan con la radiación de alta frecuencia, que perturba las células cerebrales y algunas funciones motoras, sin conocimiento de la víctima.

La señal más evidente de celularitis es una mala postura corporal, especialmente el encorvarse para hablar por teléfono mientras se realizan múltiples tareas. En casos extremos, las personas son incapaces de caminar sin usar el celular. Algunas incluso acostumbran ir al baño acompañadas del susodicho aparato. Más aún, el intento fallido de conversar telefónicamente, comer, gesticular y guiar un vehículo al mismo tiempo es uno de los principales motivos de los accidentes de tránsito.

Es difícil distinguir psicológicamente la celularitis de condiciones más conocidas como la esquizofrenia. Hasta hace poco, escuchar voces y hablar solo se consideraban muestras de un severo deterioro intelectual y emocional. Sin embargo, el auge de drogas antipsicóticas y la difusión cada vez mayor de auriculares como el *blue tooth*, con el que suele hablarse en voz alta sin un instrumento electrónico visible y en ausencia de otra persona, pueden confundir el diagnóstico.

Igualmente, la extrema dependencia del teléfono portátil es una fuente común de ansiedad, depresión y obsesión, especialmente entre adolescentes y jóvenes, sobre todo quienes no soportan el silencio y la tranquilidad pública en lugares como consultorios médicos, supermercados, bancos, aeropuertos o ascensores. Una de las mayores causas de estrés para las víctimas de celularitis es no poder cambiar sus planes de minutos ilimitados sin pagar multas exorbitantes o perder su número de teléfono. Además, la celularitis puede agravar trastornos como el déficit de atención, la hiperactividad, la hipertensión y el autismo.

Por último, los estudios demuestran que la celularitis crónica suele ser un impedimento para sostener relaciones interpersonales cordiales. Algunos pacientes en etapa avanzada del síndrome parecen perder el decoro y el buen juicio, dejando siempre encendidos sus aparatos electrónicos, aun en iglesias, funerarias, salones de clase, cines o conciertos. Asimismo, prefieren contestar una llamada, que siempre resulta urgente, a atender a la persona que tienen delante, a veces ignorándola por largo rato. En consecuencia, frecuentemente se desgastan los lazos familiares y amistosos del violador de los protocolos tradicionales de la convivencia diaria.

Como aún no se ha detectado el virus de la celularitis, ni su mecanismo de contagio, no se ha desarrollado un tratamiento efectivo y la prognosis es muy pobre. Como mínimo, se recomienda apagar los celulares 15 minutos al día y respirar profundamente el aire libre de ondas digitales para prevenir una epidemia mayor.

Ahora que resulta imposible vivir sin celular, aquellos extraños sujetos que, como este servidor, no abracen entusiastamente esta tecnología ultramoderna se tildarán de obsoletos. Éste es un efecto secundario de la celularitis aguda: excluir de la sociedad al 5% de los ciudadanos, alérgicos a los celulares. Cual leprosos o fumadores, quienes nos resistimos al uso perpetuo de teléfonos móviles estamos condenados al margen de una población fascinada con los últimos embelecos de las telecomunicaciones. Las causas y consecuencias de la fobia a los celulares requieren mayor atención de los especialistas.

"QUESLAQUE, LOKO"

En enero de 2008, celebramos el cumpleaños de mi vieja amiga Raquel Dulzaides en un restaurante italiano de Puerto Nuevo. Allí compartimos con mis panas fuertes Wiwa, Nacho y otros *baby boomers* (los que nacimos entre 1945 y 1965). Entre los temas de conversación, animada por varias copitas de vino, surgieron las diferencias entre nuestra generación y la de nuestros hijos. Supongo que nuestros padres también habrán discutido esa cuestión, según iban poniéndose viejos.

Quizás la mayor brecha generacional se deba actualmente al creciente impacto del mundo cibernético en la vida diaria. En los últimos 20 años, ha habido una verdadera revolución tecnológica, con el auge global de las computadoras personales, la Internet, el correo electrónico, los mensajes instantáneos, las Ipods, los teléfonos celulares, MySpace y Facebook. Ninguno de estos embelecos existía cuando yo era adolescente. Ahora han aparecido nuevas formas de comunicación a larga distancia, como el *chateo* y el *texteo*, que a los mayores de 40 años nos resultan tan misteriosas como los jeroglíficos egipcios. Confieso que no entiendo por qué los jóvenes pasan tantas horas tecleando e intercambiándose mensajitos y fotos con sus amigos favoritos mediante la computadora portátil o el celular.

Como antes, ahora existe una jerga característica de la juventud, cuyo propósito principal parece ser excluir a los mayores y hacernos sentir cada vez más anticuados. La expresión "queslaque" ("¿qué es la que hay?") es un saludo ritual entre muchos estudiantes universitarios. La muletilla "loco" (o "loko") ha desplazado a "bróder" y "mano", que tanto manoseamos durante mi adolescencia. "Pichear" ya no tiene que ver con el béisbol, sino que significa desentenderse de un asunto. Ya no se dice que algo chévere está *cool* sino *chilling*. Para mí, "tripear" es lo mismo que estar endrogado, pero para los jóvenes es sinónimo de "relajar". Y el verbo "tirarse" ha perdido su connotación explícitamente sexual para referirse a cortejar o enamorarse.

Otra diferencia notable entre chamacos y cincuentones es la manera de vestirse y adornarse. Se ha puesto de moda últimamente que las muchachas descubran sus ombligos y axilas, se perforen la nariz o la boca con una pantalla y se graben tatuajes en un sitio estratégico de su parte trasera. Algunas se pintan el pelo de verde, violeta u otro color inusual. También están las góticas, que sólo se maquillan y visten de negro. Entre los varones, el atuendo típico no ha cambiado tanto. Algunos han adquirido un gusto conspicuo por el blin blin, los tenis de marca y los pantalones holgados, particularmente cuando juegan baloncesto. En mi juventud era común dejarse el pelo largo o cultivar un afro, mientras que ahora se prefiere el pelo corto y hasta raparse el coco.

La música popular juega un papel definitorio en cada grupo de edad. Durante la década de 1960, los mayores de 30 años consideraban escandalosos a los Beatles, tanto por su sonido "estridente", como por su indumentaria jipitosa, melenas y asociación con drogas psicodélicas. Ahora el reggaetón y el baile del perreo causan ansiedad entre muchos padres boricuas, que los encuentran demasiado ruidosos, vulgares y eróticos. En la década de 1970, los viejos criticaban nuestros gustos musicales por razones parecidas.

Cada generación elabora su propia manera de hablar, vestirse, decorarse el cuerpo, cortarse el pelo, cantar, bailar y ver el mundo. Poco a poco esas prácticas culturales van haciéndose cada vez más convencionales y entonces los jóvenes las descartan e inventan otras para diferenciarse de los mayores. Desde mediados del siglo XX, los conflictos generacionales se han acentuado en muchas sociedades como la nuestra, al punto de crear graves malentendidos entre padres e hijos. Pero los jóvenes de hoy en día eventualmente serán los viejos del mañana. Como dicen los franceses, mientras más cambian las cosas, más siguen iguales.

LAS NAVIDADES MÁS LARGAS DEL MUNDO

Las Navidades en Puerto Rico comienzan extraoficialmente el día después de *San Givin* (el santo que más da), ese preámbulo de la Nochebuena con su pavo adobado como si fuera un lechón. Continúan durante todo diciembre, culminando la noche del 24 y la mañana del 25, cuando los cristianos conmemoran el nacimiento del Niño Jesús y muchos celebran la llegada de Santacló. Se prolongan con el Día de los Santos Inocentes, el Año Nuevo, el Día de Reyes y las octavitas, hasta el 14 de enero. Para muchos de mis estudiantes de la Yupi, las parrandas prosiguen con las Fiestas de San Sebastián a fines de enero. Para algunas personas mayores, las celebraciones terminan tradicionalmente el Día de la Candelaria, el 2 de febrero, cuando queman el árbol de Navidad. ¡Más de dos meses de jolgorio navideño!

Cada año aparecen más temprano las lucecitas en las casas y apartamentos, amenazando con desplazar la breve temporada de Halloween. Después se instala en el centro de las salas un árbol de pino (o una imitación artificial). Entonces comienzan los múltiples trajines para el Día de Navidad: las interminables compras de regalos en centros comerciales; los preparativos para empacharse de lechón asado, arroz con gandules, pasteles, guineítos en escabeche, morcillas, arroz con dulce y coquito; el reciclaje de aguinaldos y otras canciones típicas; los adornos de rigor —guirnaldas verdes y rojas, estampas de campos nevados; el gordo colorao en su trineo con renos; los Tres Santos Reyes— en hogares, tiendas y oficinas, incluyendo las pantallas de computadora. Algunos conservan la antigua tradición de las trullas navideñas, pero éstas han disminuido últimamente por miedo a los asaltos de verdad. Otros van acumulando un pequeño arsenal de petardos y fuegos artificiales para ambientar los agasajos. Menos escandalosa es la costumbre de enviar tarjetas postales por correo. Por supuesto, hay que comer, beber y bailar como si fuera el último día que a uno le queda con sus familiares, amigos y conocidos, a los que se debe felicitar calurosamente porque es la época más feliz del año y todo el mundo tiene que estar contento, menos esas pobres almas que están pasando una triste Navidad sin sus seres queridos.

¿Por qué son tan importantes las Navidades para los puertorriqueños? Hace varios años, mi colega estadounidense Nancy Morris documentó que se trataba de un símbolo central de la identidad nacional boricua, junto con el idioma español. Muchos de sus informantes mencionaron las costumbres navideñas, especialmente la comida y la música, como rasgos definitorios de la puertorriqueñidad. Tales prácticas forman parte del legado católico e hispánico de la Isla, aunque se hayan integrado más o menos armoniosamente con las campañas publicitarias y las tradiciones protestantes y anglosajonas de Estados Unidos. Si bien las Navidades todavía mantienen su sentido religioso para muchos puertorriqueños, para la inmensa mayoría parecen ser una gran excusa para festejar. Por eso, quizás, las Navidades boricuas son las más largas del mundo: para que podamos disfrutar de unas merecidas vacaciones, compartiendo con nuestros parientes y amistades, afirmando nuestra diferencia cultural de otros pueblos que sólo celebran un par de días feriados sin música alegre ni comida grasosa pero sabrosa. Pero entonces, ¡bendito!, tenemos que volver a la brega por diez largos meses, hasta las próximas Navidades.

SANTACLÓ CONTRA LOS REYES

Desde hace años viene librándose en Puerto Rico una intensa batalla espiritual y comercial entre los Tres Reyes Magos y Santa Claus. Muchos recordarán el cuento de Abelardo Díaz Alfaro, "Santa Clo va a La Cuchilla", en que los jíbaros se asustan cuando ven por primera vez a un tal Mister Johnny Rosas disfrazado de esa rojiblanca figura. Al final, el aguzado maestro Peyo Mercé le explica a su jefe: "yo no tengo la culpa de que ese santito no esté en el santoral puertorriqueño".

Por su parte, los Reyes Magos tienen una historia milenaria en la tradición cristiana. El evangelio según San Mateo menciona que unos sabios de Oriente —posiblemente practicantes de la astrología en Babilonia— visitaron al niño Jesús días después de su nacimiento. En el siglo IV, la Iglesia Católica fijó la Fiesta de la Epifanía el seis de enero. Aunque los evangelistas no precisan cuántos eran los "reyes", la sabiduría popular establece que eran tres: Melchor, Gaspar y Baltasar. En el siglo VII, un monje francés encontró un texto antiguo describiendo a Melchor como un anciano de barba blanca, a Gaspar como un joven lampiño y rubio, y a Baltasar como un hombre negro de barba espesa. Cada uno de ellos se asoció con un continente: Europa, Asia y África, respectivamente.

En Puerto Rico, la devoción a los Reyes Magos estuvo muy arraigada hasta entrado el siglo XX, especialmente en el interior montañoso, donde fueron una de las principales figuras talladas en madera por los artesanos. En Juana Díaz, la fiesta de reyes se celebra públicamente desde 1884 hasta nuestros días. Algunos estudiosos creen que el fervor popular hacia los reyes se debe, en parte, a que éstos representan el mestizaje de la población insular. En cambio, Santa Claus es una importación mucho más reciente de Estados Unidos. Este personaje tiene antecedentes remotos en San Nicolás, un obispo rico y generoso residente en Bari, Italia, en el siglo IV. Pero la imagen actual de Santa Claus (o Sinterklaas, como le llamaban entonces) le debe mucho a los inmigrantes holandeses en Nueva York durante el siglo XVII. Durante la segunda mitad del XIX, el Santa Claus estadounidense adquirió sus características definitivas, como su vestuario rojo y blanco, su residencia en el Polo Norte y su capacidad extraordinaria para introducirse por una chimenea a pesar de su gordura. Hoy en día, éste es uno de los emblemas navideños más difundidos mundialmente.

En Puerto Rico, los Reyes Magos se vinculan con la tradición católica hispánica y Santa Claus con la modernidad protestante estadounidense. Ambos íconos parecen haber llegado a una coexistencia pacífica, al menos en términos mercantiles. Supongo que los principales ganadores serán los niños —porque reciben regalos dos veces— y los comerciantes —porque venden más durante la época navideña.

La comercialización de estas imágenes, así como su criollización, ha favorecido su apropiación popular. Mientras los reyes montan a caballo (no en camello), Santa Claus también se ha aplatanado en nuestro suelo. En unas tarjetas navideñas que compré hace unos años, el gordito simpaticón asaba un lechón en varita, dormía su siesta en una hamaca y se bañaba en el mar como cualquier boricua. Tal parece que el nórdico Sinterklaas ha tenido que convertirse en un Santacló tropical para no seguir asustando a los jíbaros.

ME SUBIÓ LA BILIRRUBINA

Enfermarse es un lujo que pocos podemos pagar pero todos debemos sufrir en algún momento. Al malestar físico se añade la agonía de esperar que te atienda un doctor. ¿Por qué en un país con casi un médico por cada 500 habitantes será tan difícil ver a uno de ellos? Luego están las largas filas para comprar medicinas en la farmacia. Pero quizás lo peor de enfermarse es sentir la falta de compasión de algunos miembros del personal de salud, que no parecen dedicarse a su profesión por vocación, sino por afán de lucro o necesidad económica.

Al igual que el cantautor dominicano Juan Luis Guerra, durante el verano de 2005, me subió la bilirrubina, me puse amarillo y me diagnosticaron hepatitis A. Aunque yo tenía una orden de hospitalización de mi médico de familia, el internista con quien él había hablado decidió dejarme *overnight* en la sala de emergencia de un hospital privado de San Juan. Según supe después, esa palabrita en inglés significaba que no me admitirían al hospital ni tampoco me dejarían regresar a casa esa noche. Como no había cama disponible, tendría que esperar a que dieran de alta a algún paciente. Esta práctica es aparentemente común en los hospitales del país.

Tuve que pasar casi 12 horas sentado en una incómoda silla, amarrado a un suero, con mareos y náuseas terribles, en una sala de emergencias infernal. Más tarde apareció una camilla que colocaron en un pasillo hasta que me movieron junto a dos pacientes con pulmonía. Cuando se tapó el único inodoro del apestoso baño, un empleado de "servicios ambientales" lo clausuró. Al frente mío había un zafacón lleno de desperdicios orgánicos que nadie recogía. Esa noche fue una de las peores de mi vida, sin poder dormir por los gritos de un anciano con Alzheimer. A la mañana siguiente prendieron unas luces brillantes y pusieron música de salsa y merengue, como para torturar a los pobres pacientes. Tras más de 24 horas de llegar al hospital, me subieron a un cuarto semiprivado. Me pareció una mansión comparada con la antihigiénica, hacinada y ruidosa sala de emergencias. Entonces me trataron dignamente, aunque me sacaron sangre como si fueran vampiros.

Según estadísticas oficiales, en Puerto Rico sólo hay 3.3 camas de hospital por cada 100 habitantes, menos que en muchos países más pobres, como Libia, Congo o Papúa Nueva Guinea. Sin embargo, tenemos una proporción relativamente elevada (casi 40%) de asegurados en los planes de salud y una tasa bastante alta (8.8%) de utilización por los asegurados. Quizás por eso los hospitales públicos y privados no dan abasto para tantos pacientes. Existe un marcado desfase entre la demanda y oferta de servicios de salud en Puerto Rico.

Pero lo que no puede medirse tan fácilmente es la calidad del cuidado médico, que depende grandemente de factores humanos y valores éticos. Durante mi convalecencia, me topé con doctores y enfermeras a quienes parecía importarles menos aliviar el dolor ajeno que llenar sus dichosos formularios. Por suerte, me asistieron mi esposa Diana y mi familia; un viejo amigo, el radiólogo Julio Rojo; un competente gastroenterólogo, Humberto Muñoz; una atenta enfermera de apellido García y un extraordinario compañero de cuarto, don Pedro Mercado, quien me contagió con su espíritu de lucha y superación. Junto con los sueros, los antibióticos y las dietas, su optimismo y solidaridad me ayudaron a bajar la bilirrubina.

RITOS DE PASAJE

Según el antropólogo belga Arnold van Gennep, los ritos de pasaje son celebraciones públicas de las transiciones críticas en la vida humana, como el nacimiento, la pubertad, el matrimonio o la muerte. El propósito básico de estos ritos es dramatizar las expectativas sociales de los nuevos roles que asumirán los individuos, así como facilitarles su cambio de status. Tales ceremonias refuerzan los valores culturales y morales mediante el despliegue de símbolos poderosos tales como vestimentas formales, adornos corporales, banderas, himnos, procesiones, insignias, juramentos, medallas, diplomas y banquetes.

En algunas culturas, llegar a la madurez requiere hacerse marcas físicas, incluyendo circuncidarse, perforarse las orejas y tatuarse. En otras, los iniciados deben atravesar pruebas dolorosas, como mutilarse, pasar hambre y dejar de dormir. En Puerto Rico, las torturas rituales que acompañan la transición a la adultez son menos extremas, entre ellas las fiestas de quinceañeras, la licencia de conducir, la tarjeta electoral, la graduación de escuela superior y el *senior prom*.

Todos los ritos de pasaje tienen tres fases básicas: separación, transición y reincorporación. En las ceremonias académicas, los homenajeados inicialmente abandonan sus rutinas diarias y se distancian física y psicológicamente de la comunidad escolar. Vestidos con incómodas togas y birretes, separados de familiares y amigos, los graduandos desfilan al frente del salón donde se realizará el acto. En segundo lugar, los iniciados se mantienen suspendidos temporalmente en un estado de limbo, porque ya no son estudiantes de escuela superior, pero todavía no son egresados. Por último, los recién graduados se reintegran a la comunidad, ya admitidos formalmente a su nuevo rol de exalumnos, para festejar el final de una etapa clave de sus vidas y el comienzo de otra.

Aunque útil, ese esquema resulta demasiado aséptico para describir lo que sienten los participantes en una graduación y, en mi caso, lo que experimenté cuando mi hija se graduó de escuela superior en mayo de 2006. Para muchos de los asistentes, la graduación fue un evento memorable de gran intensidad emocional, como lo fue para mí como padre. (Sólo puedo imaginar cómo se sentirían los graduandos, porque a mi clase le cancelaron la ceremonia por culpa de una antigua costumbre salvaje llamada "fuga".) Ningún discurso protocolario puede captar la satisfacción de un reconocimiento merecido por años de trabajo, esfuerzo y perseverancia. Poco importaba que hubiera un calor infernal, que la ceremonia durara más que la entrega de los Óscares, que la iglesia estuviera abarrotada o que los oradores no se escucharan bien por problemas acústicos. La "nena" se graduó y todos —sus padres, hermano, abuelo, tíos, primos y padrinos— nos sentimos sumamente orgullosos de sus logros académicos. Sólo lamenté que no pudieran acompañarnos tres de sus abuelos, que en paz descansen.

    Ojalá que las aspiraciones de todos los graduados se cumplan en el futuro. Ojalá que esta ceremonia de tránsito les haya ayudado a convertirse en adultos visionarios, creativos, responsables y comprometidos. Falta que nos hacen esos nuevos ciudadanos para superar las crisis presupuestarias, los gobiernos compartidos, el precio del agua y la gasolina, el impuesto sobre las ventas, las leyes de inmigración cada vez más restrictivas, la guerra en Irak y los huracanes. Ojalá que nunca pierdan la esperanza de un mundo mejor, una sociedad más justa y solidaria, un país más seguro y próspero.

De eso tratan precisamente los ritos de pasaje: de cómo morir simbólicamente a un estadio anterior y nacer a una nueva vida. Los esperamos con los brazos abiertos en los recintos universitarios por los que se dispersaron, aunque no hubiera suficientes salones ni estacionamientos disponibles, y les tocarían los peores horarios de clase. De momento, sufrirían las penurias de todo prepa. Afortunadamente, en unos cuantos años, celebrarán otros ritos de pasaje.

¿DE DÓNDE VIENE LA SALSA?

Desde hace años viene librándose una pequeña batalla entre especialistas y aficionados a la música de salsa. Según algunos, el género surgió en la Cuba prerrevolucionaria; según otros, "Puerto Rico es salsa", como reza el título de un programa de televisión local. Varios países como Colombia y Venezuela también han reclamado paternidad sobre esta música. Algunos salsólogos la han descrito como producto del "circuito del cuchifrito" entre músicos boricuas que circulan constantemente entre Nueva York y San Juan.

¿Por qué tanto lío al identificar las raíces geográficas de un género musical bailado en el mundo entero? El término "salsa" se usó originalmente para referirse a varios ritmos afrocubanos, como el son montuno. En 1933, el cubano Ignacio Piñeiro grabó su famoso son, "Échale salsita", que inspiró al compositor estadounidense George Gershwin. Durante la década de 1960, la clase trabajadora puertorriqueña, sobre todo en los barrios urbanos pobres de la Isla y Nueva York, se identificó fuertemente con la salsa. Pero fue en los años setenta que la etiqueta se consolidó comercialmente, especialmente con los discos grabados por la compañía Fania. Desde entonces, los compositores, músicos y cantantes de salsa han sido tan diversos como sus consumidores: desde puertorriqueños (como Willie Colón y Héctor Lavoe), dominicanos (como Johnny Pacheco) y cubanos (como Celia Cruz), hasta panameños (como Rubén Blades), venezolanos (como Oscar D'León) y colombianos (como Fruko y sus Tesos). En la década de 1990, la Orquesta de La Luz, de origen japonés, tuvo gran éxito internacional. La salsa ya no puede confinarse a un solo grupo étnico, país o mercado. Más bien, se ha convertido en una música global, al igual que el rock, el reggae y el rap. En las últimas dos décadas, el público de la salsa ha desbordado ampliamente sus fronteras tradicionales. Aunque muchos "cocolos" en la Isla y Estados Unidos aún son fieles seguidores del género, éste ha adquirido cada vez mayor popularidad entre otros grupos hispanos, como los cubanos en Miami y los dominicanos en Nueva York. La creciente diversificación de la población latina en Estados Unidos significa que gran parte de la audiencia para discos y conciertos de salsa se compone de inmigrantes colombianos, ecuatorianos y peruanos, no sólo puertorriqueños y cubanos. Los mayores mercados de consumo de la salsa se encuentran ahora en Venezuela y Colombia. Después de Puerto Rico, Colombia es el segundo exportador de discos de salsa en el mundo.

Por tanto, resulta inútil debatir de dónde viene la salsa, a quién le pertenece o si la versión de un país es más "auténtica" que la de otro. Mejor sería pensar en la salsa como expresión cultural de un amplio y emergente sentido de identidad latina en Estados Unidos, Europa y otras partes del mundo. La salsa está emparentada estrechamente con las tradiciones musicales del Caribe, como la rumba, la guaracha, la plena, la bomba, el merengue y la cumbia. Pero también tiene una fuerte influencia del jazz, el soul, el rock y el *rhythm and blues* estadounidenses. Como otras músicas antillanas, la salsa se caracteriza por su mezcla libre de diferentes ritmos, melodías, armonías e instrumentos, tanto de origen africano como europeo. Esa condición híbrida precisamente le imprime a la salsa su arraigo popular y vocación universal: de ahí que la salsa ya no sea de nadie en particular, sino de todos.

SALSA, COCOLOS Y *ROCKEROS*

En las transformaciones sufridas por la palabra "cocolo" se resume lo ocurrido con la música popular puertorriqueña desde la década de 1960. Era un término despectivo que se refería originalmente a una persona de piel muy oscura, parecido al negro retinto. Para los años sesenta y principios de los setenta del siglo pasado se usó como sinónimo de charro, cafre o jíbaro: alguien de mal gusto, de modales rústicos, definitivamente de clase baja, sin importar su raza. Desde entonces cocolo simboliza toda una forma de vida asociada con la música de salsa, en contraste con el *rockero*, que denotaba una preferencia marcada por la música estadounidense.

El estereotipo del cocolo era un adolescente vestido con camisa pasada de moda, estampada de flores, pantalón de poliéster, zapatos tenis, peineta en la pasa. Llevaba un monstruoso aparato de radio o tocacintas dondequiera que iba y oía una estación salsera como la Zeta 93; vivía en Nemesio Canales o algún otro residencial público. Su extremo opuesto era el *rockero*: un adolescente vestido a la última hora con mahones apretados, camiseta de Playero, chancletas y pelo largo descuidado. Se le podía ver haciendo *surfing* en la playa de Isla Verde o Rincón, escuchando una de las estaciones *rockeras* de la Isla, como Alfa Rock 106; tenía su casa en Garden Hills y en otras urbanizaciones exclusivas. Claro que éstas son caricaturas de tipos sociales donde la apariencia física anuncia la identidad social de un individuo. Son como un lenguaje simbólico que nos da señales sobre el status relativo de la persona, su conocimiento del inglés, preparación académica, familiaridad con los modelos extranjeros más prestigiosos, trasfondo familiar y hasta orientación ideológica. En síntesis, un término racial se convirtió en un concepto fundamentalmente cultural y socioeconómico.

La salsa no era considerada —como la bomba— "música de negros", sino música cocola: es decir, plebeya, de clase baja. ¿Qué significa este giro del término "salsa"? Significa que la plena, la bomba y el seis puertorriqueño se metieron en el mismo saco con el son cubano, la guaracha antillana y el merengue dominicano frente a los *hit parades* de las canciones populares estadounidenses. Significa que la música popular contemporánea de Puerto Rico está menos dividida por líneas raciales o geográficas que por las de clase social. Significa, finalmente, que la salsa representa un largo proceso de sincretización, una síntesis criolla de elementos musicales de origen africano, hispánico y estadounidense.

La salsa debe entenderse como parte del proceso de desplazamiento masivo de puertorriqueños de los campos a las ciudades y, más allá, a Estados Unidos. Este tipo de música nació entre antiguos agregados, jornaleros, pequeños agricultores y artesanos que se vieron forzados a abandonar sus fincas, haciendas y poblados, sobre todo a partir de la Gran Depresión de los años treinta del siglo pasado. Dichos inmigrantes se asentaron en los barrios marginales de San Juan, Ponce, Nueva York o Filadelfia como obreros industriales poco calificados o trabajadores de servicios mal remunerados. En este contexto de extrema pobreza urbana, surgió el fenómeno musical de la salsa. Arraigada profundamente a la subcultura del arrabal puertorriqueño, la salsa era la voz del gueto y del caserío.

Hay que recordar que hasta entrado el siglo XX, los habitantes de las tierras altas y bajas de la Isla permanecieron relativamente aislados los unos de los otros, aunque nunca estuvieron totalmente separados. Lo importante aquí es resaltar que esa división física y social se reprodujo en la música popular puertorriqueña. Mientras los campesinos de tierra adentro cantaban aguinaldos navideños de origen andaluz y bailaban el seis chorreao con su legado hispánico, los trabajadores agrícolas asalariados del litoral cantaban la plena mulata o bailaban la bomba de origen fundamentalmente africano. Mientras los primeros componían décimas al compás de la guitarra o el cuatro, los segundos se movían al ritmo del tambor y la pandereta.

A mediados del siglo XX, sin embargo, la hija de campesinos utuadeños aprendió a bailar la plena y el descendiente de esclavos negros se echó a cantar sus décimas. Es que la inmigración (dentro de la Isla o fuera de ella) colocó lado a lado a blancos, negros y mulatos en un ambiente de miseria compartida, obligándolos a desarrollar relaciones sociales más estrechas e igualitarias. Las personas pobres de distinto color continuaron mezclándose y casándose entre sí, pues pertenecían a la misma clase social. La segregación social y ecológica de los barrios bajos urbanos forzó a sus habitantes a seleccionar elementos del pasado y elaborar nuevas prácticas culturales para adaptarse al ambiente ajeno. Este intenso contacto aceleró la fusión entre los aportes musicales de la montaña y la costa. Lo que surgió, entre otras cosas, fue una música ni blanca ni negra, sino *negriblanca*, cocola: la salsa.

Dicen algunos que la salsa nació en Nueva York, como la plena nació en Ponce. Yo diría que es más bien un producto musical de la constante interacción entre la Isla y los barrios neorriqueños, como el Harlem hispano y el sur del Bronx. El continuo tráfico de personas entre San Juan y Nueva York, facilitado por el avión comercial después de la Segunda Guerra Mundial, creó un circuito migratorio que todavía mantiene los lazos familiares y amistosos por encima del gran charco del Atlántico. En ese ir y venir, entre clandestinas bolsas de frutas y vegetales y botellas de ron; entre cartas y fotografías y vuelos del Quiquiriquí; entre discos y orquestas de clubes nocturnos; entre los tocadores de conga en la playa de Isla Verde y el Parque Central de Nueva York, se fue forjando poco a poco ese género híbrido de raíces afrohispánicas — influido grandemente por la música cubana de los años cincuenta— que hoy conocemos como salsa. En rigor, la salsa es hija de esa población flotante, seminomádica, en perpetuo tránsito entre su tierra y el exilio.

A fin de cuentas, lo de cocolo no le queda mal a la salsa. Lo que hay que hacer es despojar ese término de su sentido negativo y asumirlo en toda su justeza. La salsa es sobre todo un símbolo de resistencia ante la pérdida de la identidad nacional. Como la comida criolla o el idioma español, la salsa es una de las maneras que tienen los sectores populares —los llamados cocolos— de apropiarse de sus tradiciones ancestrales para reproducir su modo de vida. Cuando un grupo de personas se reúne para escuchar, cantar y bailar salsa, está celebrando y recreando los valores, creencias y prácticas de sus antepasados —aun cuando no tengan plena conciencia de ello. Cuando nuevas orquestas de salsa invaden —como la legendaria *Guaracha del Macho Camacho* de Luis Rafael Sánchez— la radio o la televisión puertorriqueña, están expresando y reafirmando la voluntad colectiva de no perderse dentro de la órbita de la cultura anglosajona: de seguir siendo puertorriqueños. Ése es el significado más positivo de la frase que dice: "La salsa es de aquí como el coquí". La pugna entre cocolos y *rockeros*, tan intensa durante la década de 1980, no fue más que una de las caras del prolongado conflicto entre el apego a las tradiciones nacionales y la asimilación cultural a Estados Unidos.

"LO TENGO DOMINAO": EL *BOOM* DE LAS MERENGUERAS EN PUERTO RICO

En 1997, la merenguera boricua Jessica Cristina grabó su segundo álbum como solista, *Natural.* Una de sus canciones más pegajosas —compuesta por Santiago García— se titulaba "Lo tengo dominao". Aquí la cantante proclamaba que "el hombre que tengo en casa" le pedía permiso para salir, le limpiaba la casa, le cocinaba, le planchaba, la bañaba, la peinaba y ¡horror! hasta le daba masaje en los pies. La letra de esta canción es extraordinaria en el contexto de la música popular latina, particularmente el merengue y la bachata dominicanos, la salsa puertorriqueña y caribeña y el bolero cubano y mexicano. A diferencia de "Lo tengo dominao", la música latina ha representado tradicionalmente a las mujeres como objetos sexuales, *femmes fatales* y sujetos subordinados a los caprichos de los hombres.

Aún hoy en día, la mayor parte de las canciones populares reproduce los estereotipos sexuales de las culturas latinas. Por un lado, las mujeres aparecen frecuentemente como figuras virginales, puras, inaccesibles, platónicas, siguiendo el modelo original de la Madonna. Por otro lado está la imagen de la mujer perdida, mentirosa, bandolera y traicionera. Este último tema dominó las letras del merengue hasta hace poco. Buena parte de los merengues más conocidos de todos los tiempos —desde "Caña brava", "El negrito del batey" y "El sancocho prieto" hasta "Pónmelo ahí que te lo voy a partir", "El africano" y "La faldita"— hace referencia explícita a la voluptuosidad femenina, especialmente de la mulata y la negra caribeña, desde una mirada masculina. Estas canciones usualmente comparan al cuerpo de la mujer con comidas, frutas, plantas, animales y otras sustancias orgánicas, en una especie de gastronomía sexual que refleja las fijaciones orales y anales de sus compositores varones. El uso del doble sentido para referirse a los órganos genitales de las mujeres (tales como el sancocho prieto) y los hombres (como el aparato) y glorificar al sexo masculino ha sido sumamente común en el merengue.

Una de las razones para el predominio del discurso masculino en este género es que la mayoría de las canciones ha sido escrita, arreglada y ejecutada por hombres, aunque dirigidas frecuentemente hacia las mujeres. El merengue es típicamente cantado y tocado exclusivamente por varones, a veces acompañados por bailarinas sexapirosas para decorar el escenario, con las notables excepciones de Belkis Concepción y su Grupo; Millie, Jocelyn y los Vecinos, y Las Chicas del Can. Pocas veces las mujeres han figurado como compositoras, cantantes o instrumentalistas y, mucho menos, como directoras de orquesta, productoras o dueñas de casas disqueras. Hasta recientemente, la industria del merengue estaba monopolizada prácticamente por un pequeño núcleo de poderosos hombres dominicanos, como Primitivo Santos, Johnny Ventura, Wilfrido Vargas, Juan Luis Guerra, Jossie Esteban y Bonnie Cepeda.

En la década de 1990, las mujeres se hicieron cada vez más visibles (y audibles), tanto en el merengue como en la salsa y otros géneros de la música popular latina. La India, Albita, Gloria Estefan y Nora, la vocalista japonesa de la Orquesta de La Luz, siguieron el camino despejado anteriormente por Mirta Silva, La Lupe y Celia Cruz. En el merengue, la pauta establecida por pioneras dominicanas como Sonia López, Millie y Jocelyn Quesada dio paso a una nueva generación de cantantes puertorriqueñas, como Mayra Mayra, Celinés, Gisselle, Jailene Cintrón, Ashley, Sandra Torres, Melina León, Deddie Romero, Jessica Cristina y —la más conocida de todas— Olga Tañón.

El espectacular éxito de la Tañón abrió el campo para numerosas merengueras. Después de vender más de 300,000 copias de su segundo disco, *Mujer de fuego* (1993), y de ganarse premios de triple platino con todos sus álbumes, Olga se convirtió en una de las figuras más cotizadas de la música latina contemporánea. La merenguera posteriormente hizo un *crossover* a otros géneros más lucrativos de la industria musical. Su disco de rancheras y canciones tex-mex, *Nuevos senderos* (1996), vendió más de 700,000 copias. Luego grabó boleros y baladas románticas para ampliar su penetración del mercado internacional. El mismo interés lo expresaron Mayra Mayra, Gisselle, Melina León y Jessica Cristina.

La Tañón no representa un fenómeno aislado, aunque sí el más sonado. En la década de 1990, las compañías disqueras locales e internacionales contrataron a un mayor número de merengueras. El caso de Jailene Cintrón, quien vendió 85,000 copias de su primer álbum en sólo dos semanas en 1995, es quizás el más conocido. Pero varias cantantes como Melina León, Gisselle y Ashley también lograron gran aceptación del público local. Los ejecutivos de la industria musical latina se dieron cuenta de que las merengueras vendían y las incorporaron cada vez más en sus campañas de promoción. Una de las razones mencionadas por los conocedores del mercado es que la mayoría de los consumidores del merengue son mujeres. En parte, la popularidad de las cantantes de merengue se debía a un nuevo diseño de mercadeo, orientado hacia el público femenino.

Otra de las causas principales del *boom* de las merengueras fue el *sex appeal* de mujeres jóvenes, con cuerpos esculturales, vestidas escasamente y contorsionándose sugestivamente. Al igual que Madonna, Gloria Trevi o las Spice Girls, el fuerte erotismo de las merengueras fue una fórmula comercial exitosa. Desafortunadamente, muchas merengueras siguen representando a las mujeres como objetos de placer masculino en su forma de vestir, bailar y cantar. Así, reproducen la imagen machista de la mujer latina caliente, siempre dispuesta a tener relaciones sexuales e incapaz de controlar sus propios deseos.

No obstante, algunas merengueras se han apropiado de su cuerpo para subvertir el patrón convencional de subordinación femenina. Hasta cierto punto, el auge de las cantantes que manejan conscientemente su sensualidad es una señal de liberación de los tabúes sexuales de sociedades latinas y predominantemente católicas como Puerto Rico y República Dominicana. (En este contexto es significativo el título del álbum de Melina León, *Mujeres liberadas*.) El despliegue corporal público, desenfadado y juguetón podría servir como estrategia de autoafirmación y resistencia femenina a la opresión masculina.

Lamentablemente, la mayoría de las merengueras tiene muy poco control sobre su imagen pública. Las grandes corporaciones transnacionales que dominan el mercado disquero siguen principalmente en manos de hombres. Como grupo, las mujeres todavía están marginadas de las estructuras de poder en esferas decisivas de la producción y distribución de la música popular —como, por ejemplo, la composición, orquestación y promoción del merengue. No es mera coincidencia que la gran mayoría de las cantantes exitosas sean jóvenes, blancas, hermosas y con siluetas sinuosas: su *look* es tan importante como su voz en el esfuerzo por escalar el *hit parade*. En el fondo, la abierta sexualidad de las merengueras no cuestiona la desigualdad entre hombres y mujeres; más bien la fortalece. Los merengueros pueden ser feos, gordos y prietos, pero no las merengueras. La industria de la música popular sigue utilizando a la mujer como objeto sexual para vender discos, aunque ahora lo haga de una manera distinta a la de hace dos décadas.

Más allá de la explotación sexual está la negociación de las relaciones de género en el merengue de los años noventa. La canción de Jessica Cristina, "Lo tengo dominao", ilustra cómo algunas merengueras redefinen la visión convencional de las mujeres dentro de las culturas latinas, sin necesariamente desafiar la oposición entre los géneros. Aquí se invierten los papeles tradicionales del hombre y la mujer: ella es la que controla y domina, la que posee al hombre y le da permiso para actuar; él es quien se somete a sus órdenes, el que le sirve a ella. La canción reconfigura la distinción acostumbrada entre la casa y la calle: el hombre ahora ocupa el espacio doméstico, mientras la mujer sale a la esfera pública. Ella es la que lleva los pantalones, como se dice popularmente, mientras él hace las cosas de la casa.

Al igual que "Lo tengo dominao", otras canciones de merengue cuestionan el discurso machista de la mujer como perdida, traicionera y bandolera. "Me dejaste sola" de Belkis Concepción, "Ese hombre" de Milly y los Vecinos y "Celoso" de Las Chicas del Can, entre otras, sugieren una transformación en la representación del género en la cultura dominicana. En estas canciones, la mujer aparece frecuentemente como víctima y no como agresor del hombre. Uno de los temas recurrentes de los merengues más recientes es precisamente la batalla de los sexos, la lucha cotidiana por el poder entre hombres y mujeres, ahora desde una perspectiva femenina. Los cambios en las letras de muchas canciones populares corresponden a una alteración sustancial en las relaciones de género en República Dominicana, Puerto Rico y Estados Unidos. El *boom* de las mengueras reflejó, pues, fuerzas socioeconómicas más amplias como el auge del empleo femenino, el alza de las tasas de divorcio, el aumento de la emigración femenina y el prejuicio y la discriminación contra la comunidad dominicana en Puerto Rico.

La mayoría de las mengueras surgió fuera de República Dominicana, en Puerto Rico y, en menor medida, en Nueva York. Según varios estudios, muchas mujeres dominicanas han mejorado su posición social dentro del hogar y el centro de trabajo al emigrar a Puerto Rico y Estados Unidos, aunque acá siguen sufriendo de la opresión patriarcal. Pero por lo menos han logrado negociar unas relaciones más igualitarias con sus maridos, compañeros, hermanos e hijos al trabajar fuera de la casa. Desde este punto de vista, las letras de los merengues articulan nuevas concepciones del poder, la autoridad y el honor entre hombres y mujeres dominicanos en la diáspora. Algunas de las canciones populares hablan de la necesidad de repensar las relaciones de género más allá del machismo y, a veces, también del feminismo.

Habría que preguntarse por qué el *boom* de las merengueras fue un fenómeno predominantemente puertorriqueño. Según algunos musicólogos, Puerto Rico tiene una larga historia de apropiación creativa de géneros musicales extranjeros, desde la danza hasta la salsa; el merengue (junto con el rap) sería sólo un ejemplo reciente de esta tradición. Recuérdese que todas las merengueras famosas de los años noventa eran puertorriqueñas, no dominicanas: Olga, Jailene, Gisselle, Melina, Ashley, Jessica Cristina... El auge de las merengueras representó una puertorriqueñización, así como feminización y blanqueamiento, del género musical dominicano por excelencia. ¿Cómo no relacionar este fenómeno con la creciente hostilidad contra los inmigrantes dominicanos en Puerto Rico? ¿Hasta qué punto el *boom* de las merengueras (puertorriqueñas, blancas) no fue una respuesta de la industria local a la competencia de músicos importados? ¿No sería también una manera de superar la guerrilla entre la salsa y el merengue, fraguada tanto en las discotecas más exclusivas como en los bailes de marquesina, desde los años ochenta del siglo pasado? Irónicamente, la creciente popularidad del merengue no ha venido acompañada de una mayor tolerancia hacia la diversidad cultural en la Isla.

En la década de 1990, el merengue se convirtió en un espacio público para la reflexión, el diálogo y el debate sobre las relaciones entre hombres y mujeres en la sociedad puertorriqueña. En canciones populares como "Lo tengo dominao", se discutieron y desafiaron los valores y las prácticas culturales que relegan a la mujer a un plano secundario. En muchos espectáculos, se planteó el problema de la explotación comercial del cuerpo femenino como objeto de placer de la mirada masculina. Las merengueras más ilustradas subvirtieron los cánones del discurso masculino y promovieron el examen crítico de la estructura patriarcal. Quizás llegará un día en que no tengamos que preguntarnos quién domina a quién, sino que podamos celebrar una mayor igualdad, solidaridad y reciprocidad entre hombres y mujeres.

CÓMO "LEER" EL REGGAETÓN

Quién hubiera imaginado que aquel ritmo censurado y perseguido, entonces llamado *underground*, *dembow*, "melaza" y "reggae (o rap) en español", se convertiría en la principal exportación musical de la Isla durante la primera década del siglo XXI. A principios de la década de 1990, la música circulaba clandestinamente, mediante grabaciones caseras que se reproducían en clubes nocturnos y fiestas de marquesina en arrabales y caseríos.

En febrero de 1995, el Escuadrón de Control del Vicio de la Policía realizó una redada en varias tiendas de discos de San Juan que vendían música *underground*, porque ésta supuestamente incitaba al sexo, la violencia y el uso de drogas ilegales. En mayo de 2002, el Senado de Puerto Rico celebró unas vistas públicas, presididas por Velda González, en torno al "perreo", el baile asociado al *underground*. Allí se denunció el contenido "indecente" y "pornográfico" de las letras de las canciones, las imágenes de los vídeos y el escándalo de bailar frotándose la parte trasera con otros cuerpos. Irónicamente, esa campaña de pánicos morales aumentó la popularidad de las prácticas musicales conocidas actualmente como reggaetón.

El admirable libro *Reggaeton*, editado por Raquel Z. Rivera, Wayne Marshall y Deborah Pacini Hernández (Durham, NC: Duke University Press, 2009), nos convoca a "leer" cuidadosamente este extraordinario fenómeno musical y social de nuestros tiempos. Como plantea Juan Flores en su prólogo, se trata quizás de la primera música verdaderamente transnacional o diaspórica. El reggaetón no puede trazarse a un solo punto de origen, como Jamaica, Panamá, Puerto Rico o Nueva York, como tampoco puede identificarse exclusivamente con un público latinoamericano, antillano o latino. Más bien, este género híbrido es un producto de la incesante circulación de personas, mercancías, prácticas e identidades entre el Caribe y Norteamérica.

Los autores reunidos en este volumen documentan extensamente el cruce de fronteras geográficas, raciales, étnicas y lingüísticas —catalogado como *crossover* en la industria musical. Entre las múltiples influencias del reggaetón, se destacan el reggae jamaiquino, especialmente el *dancehall*; el reggae en español, particularmente el panameño; el hip hop y el rap afroamericano, pero también *nuyorican*, y varios estilos del Caribe hispánico, como la bomba, la plena, la salsa, el merengue, la bachata y la cumbia.

El reggaetón puede leerse como parte integrante de los intensos flujos musicales a través de múltiples circuitos migratorios entre varios países caribeños y sus diásporas. Esta mezcla de ritmos, instrumentos, compositores, cantantes e intérpretes de diversos orígenes nacionales, raciales y étnicos es un rasgo distintivo de la música afroantillana, desde la rumba y el mambo hasta la salsa y el reggae. Desde una perspectiva histórica, el reggaetón es la más reciente expresión de la criollización musical de la región. Como otros géneros populares, el reggaetón fusiona elementos caribeños, afroamericanos y latinos, tanto en términos lingüísticos como musicales. De ahí que apele a un público amplio y diverso, más allá de fronteras insulares.

Leer el reggaetón requiere ensanchar el imaginario convencional de las identidades nacionales, ancladas en un solo territorio, una lengua vernácula y una cultura compartida. Como demuestran hábilmente los ensayos recopilados en este libro, la "nación del reggaetón" se mueve constantemente entre numerosos países y ciudades, entre el español y el inglés, entre ritmos antillanos y afroamericanos. Además, sus cultivadores y fanáticos representan a una población multirracial, aunque predominan los negros y mulatos. Su transición de los márgenes al centro de la industria musical global en menos de una década coincide con su apropiación por un creciente número de jóvenes latinoamericanos, latinos y caribeños. En el fondo, se trata de una música nómada, que desborda los límites del nacionalismo cultural, las clasificaciones raciales y étnicas, las normas establecidas del buen gusto y las preguntas —para citar aquel famoso son cubano— sobre de dónde son los cantantes.

EL OCCISO ESTABA MUERTO

En Puerto Rico, como en otros países, coexisten maneras de hablar propias de distintos grupos sociales, a veces incomprensibles mutuamente. Entre otras jergas se destacan las de médicos, abogados, profesores, programadores de computadoras, inmigrantes dominicanos, amantes del reggaetón, tecatos, ladrones y policías. Quisiera detenerme en el argot policial, tan difícil pero importante para la ciudadanía.

Me imagino que todo miembro de la uniformada aprenderá ciertos códigos lingüísticos en la Academia de la Policía o adiestramientos de educación continua. Pienso en las expresiones típicas de un agente cuando detalla la escena de un crimen, emite una multa de tránsito o redacta un informe sobre un accidente automovilístico. Ciertos verbos ordinarios, como colocar, cometer, esconder, ignorar, ir o quejarse, suelen desaparecer del dialecto oficial. En su lugar aparecen otros más rebuscados como ubicar, perpetrar, encubrir, desconocer, personarse y querellarse. Igualmente, las autoridades policiales les han declarado la guerra a sustantivos cotidianos como área, carro, conflicto, choque, crimen, persona, robo o tráfico. Los comisarios de la justicia prefieren perímetro, vehículo, trifulca, colisión, siniestro, sujeto, hurto, escalamiento y trasiego.

Siempre que sea posible, el lenguaje policial evita llamar las cosas por su nombre habitual. Así, la causa del delito se convierte en su móvil, los viejos en sexagenarios, los jóvenes en menores, los ladrones en cacos, las drogas en estupefacientes, las investigaciones en pesquisas, las redadas en operativos, los cuchillos en armas blancas y los muertos en occisos. Muchos agentes del orden público aparentemente entienden que las palabras corrientes no tienen un significado suficientemente preciso para incluirlas en sus declaraciones orales y escritas. De ahí que la jerga policial despliegue un impresionante vocabulario técnico, supuestamente (iba a escribir alegadamente) neutral, para describir y clasificar eventos de la vida diaria de manera enrarecida, a veces contorsionada y frecuentemente disparatada.

Otros ejemplos de una jerigonza difundida ampliamente, más allá de los agentes policíacos, son giros idiomáticos como "positivo", "negativo", "eso es correcto", "desconozco esa información" y —mi expresión favorita— "eso es así". ¿Por qué no contestar simplemente sí o no a una pregunta directa? ¿Qué creencias y prácticas llevan a elaborar un lenguaje tan opaco, enredado y alejado de las normas de comunicación usual?

Al igual que la medicina, la policía brega (otro verbo manoseado en el dialecto criollo) regularmente con sucesos de vida o muerte, particularmente la violencia, los accidentes y las tragedias más sangrientas. Desarrollar un sistema convencional de referencias rutinarias y asépticas sobre asuntos escabrosos (como el abuso sexual o un cadáver mutilado) podría funcionar como mecanismo de defensa del personal de emergencias, tanto de seguridad como de salud. Por otro lado, el uso ritual de frases hechas, aun cuando no tengan sentido, ayudaría a disimular las dificultades de expresión verbal de algunos guardias con poca preparación académica. Finalmente, la policía adopta un argot sumamente especializado para excluir a los no iniciados en el gremio, al igual que otros oficios más prestigiosos, como la abogacía y el magisterio.

Sea como fuere, resulta difícil escuchar un pleonasmo (perdonando la palabrota) común como "el occiso estaba muerto" sin sonreírse o sonrojarse, dependiendo de cuán seriamente quiera tomarse tal atrocidad verbal. Alguien debiera recordarle al cantinflesco oficial que occiso es sinónimo de muerto.

NOSOTROS LOS JINCHOS

El lenguaje popular boricua contiene numerosos términos para describir diversos tipos físicos, incluyendo el color de la piel, los rasgos faciales y la textura del pelo. Entre los términos más despectivos está "jincho", que significa pálido o descolorido. Cuando se añade el adjetivo "papujo" —en alusión a la apariencia anémica de un individuo—, el estigma es devastador. En Puerto Rico, las personas que carecen de melanina —la sustancia que les da pigmentación a la piel, el pelo y los ojos— suelen considerarse enfermizas, poco atractivas e incluso desnutridas. Aquí el tono ideal de la piel es bronceado, quemaíto, cercano a la "piel canela", esa complexión aceitunada que caracteriza a los descendientes de inmigrantes del sur de Europa, especialmente de las zonas mediterráneas.

Una de las consecuencias de esta pigmentocracia es que los jinchos recibimos múltiples apodos burlándose de nuestro déficit cromático y nuestra facilidad para enrojecernos. En mi familia inmediata, recuerdo los sobrenombres de cano, colorao, albino, fresa, fantasma blanco, patas plateadas, Rice Crispies, Casper, Topeca, Cremín, Cheese Trix, Clorox, Morticia, Flor de Azahar, Clairette, Blanc de Blancs y —el que más odié en mis años de escuela superior— Pote de Leche. Este último mote era capaz de aumentarme la presión y la testosterona durante las competencias de lucha en que participaba en el colegio.

Otro problema de los jinchos es que nos confunden habitualmente con extranjeros, particularmente gringos o europeos. En lugares públicos frecuentados por turistas, como aeropuertos o restaurantes, mucha gente presupone que venimos de otro país y automáticamente nos habla en inglés. Cuando contestamos en perfecto español boricua, nos miran con asombro, usualmente acompañado de la frase: "¡pero usted no parece puertorriqueño!" Entonces hay que evocar varias ramas del árbol genealógico para explicar por qué tenemos caras pálidas y brazos pecosos.

Muchos jinchos le tenemos pavor a situaciones comunes en nuestro clima tropical. Por ejemplo, ir a la playa o asistir a las clases de educación física puede ser vergonzoso. En tales circunstancias, uno expone su cuerpo desteñido al escrutinio público, especialmente al quitarse la camisa o exhibir las piernas blancuzcas. Para los que hemos perdido el grueso de nuestra cabellera, hasta caminar al aire libre sin protección contra la radiación ultravioleta resulta peligroso, obligándonos a buscar el lado sombreado de la acera o ponernos ridículas gorritas deportivas.

La jinchera puede provocar esfuerzos fútiles por cambiar el destino que nos depararon nuestros lívidos antepasados. Un pariente cercano (cuyo nombre me está vedado revelar) acostumbraba solearse en el techo de la casa con yodo y loción para bebé y luego pasaba varios días con una tremenda insolación. ¡Cuántas veces nos salieron ampollas y mudamos el pellejo achicharrado durante nuestros años mozos! A quienes se les tuesta la epidermis les cuesta entender que no importa cuánto sol cojamos o con cuántos bronceadores nos embarremos, los jinchos nunca adquiriremos ese colorcito marrón claro que tanto envidiamos.

Si bien las personas de tez oscura experimentan fuertes prejuicios y discriminación, los carapálidas también sufrimos de la mirada extrañada, socarrona o excluyente, así como la sospecha, frecuentemente equivocada, de que somos "blanquitos" o "riquitos". Una anécdota ilustrativa me ocurrió hace tiempo al recoger el carro de mi madre en un taller de hojalatería. Cuando llegué al local, todavía no habían terminado de arreglar el carro, por lo que tuve que esperar mientras los empleados trabajaban con esmero. Creyéndose muy gracioso, el dueño del taller les advirtió a sus subalternos que no esperaran que yo les diera una buena propina, porque aunque lucía como un abogado, sólo era un pobre maestro. Supongo que su dura sentencia se basaba en mi jinchera, porque el vehículo era un modesto Corollita.

Así es que la próxima vez que se encuentre con un "jincho papujo", piénselo dos veces antes de hablarle en inglés, atribuirle un origen escandinavo o asociarlo con algún defecto moral, la falta de glóbulos rojos o los misioneros mormones. Los jinchos también somos seres humanos, aunque susceptibles al calentamiento global, las manchas de la piel y los ataques de mosquitos inmisericordes. Curiosamente, también comparto el estereotipo dominante de los jinchos, así que debo combatir mis prejuicios cuando veo a alguien como yo en la calle. Porque, después de todo, ¿cómo se supone que "luzca" un puertorriqueño? Los hay jinchos, rosados, prietos, morenos, trigueños, indios, café con leche y de todos los matices intermedios.

JABAO

Así me apodaban, burlonamente, cuando era joven y peludo. Según el *Diccionario de la Real Academia Española*, "jabado" es un mulato "de piel y ojos claros y pelo rizado castaño claro o rubio". El término se utiliza popularmente en Puerto Rico, Cuba, República Dominicana y otros países caribeños para referirse a una mezcla de características físicas típicas de origen europeo, como la tez clara, y de origen africano, como el cabello ensortijado. De niño, tenía el pelo rubio y encrespado, igual que mi padre, aunque ambos fuéramos muy blancos y medio "coloraos". Por eso me decían "el jabao" de la familia.

Desde pequeño aprendí que, en nuestra sociedad, tener el pelo "pasú" era un serio defecto físico y hasta moral. Por mucho tiempo, me recortaban tan cortito que me resaltaban las orejas puntiagudas. Siempre me costaba trabajo aplastarme el cabello ondulado, incluso mojado, y envidiaba aquellas largas melenas que pusieron de moda los hippies en las décadas de 1960 y 1970. Cuando los negros estadounidenses adoptaron el "afro" y el *curly*, me desprendí de antiguos complejos y me dejé crecer los rizos. Pero la liberación de mis greñas hirsutas no duró mucho más allá de mis estudios universitarios. Entonces comenzaron a obrar fuertes genes —principalmente maternos— y me quedé calvo prematuramente.

Volviendo al término "jabao", ¿por qué esa manía de catalogar a todo el mundo según su pelo "bueno" o "malo"? ¿Y por qué tantas mujeres se "planchan" regularmente sus bucles? En un ensayo provocador, la antropóloga Isar Godreau propone que muchas puertorriqueñas no se alisan el pelo porque rechacen su negritud, sino porque aspiran a un prototipo de belleza mestiza. La socióloga Ginetta Candelario llegó a una conclusión similar al estudiar un salón de belleza dominicano en la ciudad de Nueva York. Allí, el ritual del desrizado afirma una estética híbrida entre blancos y negros, que celebra el *look* hispano o latino: pelo lacio, piel morena, ojos oscuros, rasgos "finos".

¿Cuánto tiempo, esfuerzo y dinero se invertirán en transformar el pelo "grifo" en pelo "muerto"? ¿Cuántas personas sufrirán, como lo hice yo antes de perder el grueso de mi cabellera, porque su textura no corresponde a estándares europeos? Sólo su peinador lo sabe, como rezaba un conocido anuncio publicitario para un tinte de cabello. Ése también es el título de un artículo de la antropóloga Casandra Badillo, quien argumenta que el pelo lacio es un símbolo clave de belleza, decencia, elegancia y limpieza en la cultura dominicana. En una población predominantemente mulata y negra, tal ideal requiere de un constante, costoso y doloroso tratamiento químico del cabello para hacerlo lucir naturalmente lacio.

En Estados Unidos, el concepto de "jabao" no tiene un equivalente exacto, aunque el término despectivo *high yellow* designa a un mulato de piel amarillenta. Recuerdo que un compañero boricua de mis años universitarios en Nueva York, quien llevaba orgullosamente un enorme "afro" pero tenía la tez clara, despertaba gran curiosidad entre los estadounidenses blancos, que no podían clasificarlo racialmente. Actualmente, algunos describirían al presidente Barack Obama como *high yellow*. Sin embargo, el discurso racial binario, dominante en Estados Unidos, lo considera simplemente "negro" o "afroamericano".

El concepto de "jabao" surgió históricamente en un sistema de opresión colonial y racial, que encasillaba a la gente por su condición legal, apariencia física y origen familiar. Con el tiempo, ese sistema fue elaborando múltiples categorías intermedias entre personas de ascendencia europea y africana. Así nació el "jabao", producto de la combinación de diferentes texturas de pelo, colores de piel y rasgos faciales. Aunque la esclavitud se abolió en la Isla hace más de un siglo, muchos siguen denigrando cualquier señal de un antepasado africano. El día que dejemos de despreciar el pelo rizado, quizás desaparecerá el estigma del "jabao".

¿POR QUÉ TANTOS CONVERTIDOS AL PROTESTANTISMO?

Desde que la Iglesia Católica eligió en el año 2005 al Papa Benedicto XVI, una de sus preocupaciones centrales ha sido la pérdida de fieles alrededor del mundo. Desde principios del siglo XX, las religiones protestantes han cautivado a cada vez más boricuas. Puerto Rico es actualmente uno de los países latinoamericanos con una mayor proporción de evangélicos, más del 30% de la población. En la región caribeña, sólo los países no hispánicos superan a la Isla en el porcentaje de protestantes. Este dato sorprende en un país donde el catolicismo fue la única religión oficial del Estado colonial español por más de cuatro siglos. Desde la invasión estadounidense de 1898, diversas denominaciones religiosas han proliferado en la Isla, incluyendo a las iglesias evangélicas históricas como la Bautista, la Metodista y la Luterana, y posteriormente las iglesias de avivamiento como la Obra de Mita y la Fuente de Agua Viva.

Muchos estudiosos se han fascinado con la conversión masiva de los puertorriqueños al protestantismo, particularmente al movimiento pentecostal, el de mayor expansión en las últimas décadas. En el año 2005, María de Jesús García Moreno, Noelia Sánchez Walker y yo tradujimos el primer estudio antropológico de una comunidad rural puertorriqueña por Morris Siegel, *Un pueblo puertorriqueño* (Hato Rey: Publicaciones Puertorriqueñas), completado en 1948. Uno de sus hallazgos principales fue el profundo descontento popular con la Iglesia Católica en Lajas, manifestado en el aumento de adeptos a las iglesias Presbiteriana, Pentecostal y Adventista. Entre las causas de las conversiones, Siegel subraya los incentivos de leer la Biblia, la pertenencia comunitaria, la participación activa en las ceremonias religiosas, el amplio sistema de beneficencia médica y la sanación espiritual patrocinados por muchas iglesias evangélicas. Según Siegel, "los protestantes parecen ser más constantes en su devoción religiosa" (pág. 143) que los católicos.

En otro libro clásico, *Taso, trabajador de la caña* (Río Piedras: Huracán, 1988 [1960]), Sidney Mintz analiza la inesperada adhesión de su protagonista a la Iglesia Pentecostal durante la década de 1940. Para Mintz, el pentecostalismo llenó un enorme vacío espiritual y comunitario entre los obreros azucareros desarticulados por el capitalismo agrario estadounidense en las zonas costeras de la Isla. Según este antropólogo, la conversión al protestantismo promovía el mejoramiento de la posición social del individuo, mediante valores como el ahorro y la austeridad, el aplazamiento del placer y la dedicación al trabajo. Aunque esta interpretación ayuda a entender la transformación religiosa de Taso, no necesariamente es válida para otros grupos sociales. Hoy en día, el protestantismo no sólo convoca a la clase baja, sino también a numerosos profesionales, ejecutivos y otros miembros de las clases media y alta en Puerto Rico.

Durante las últimas décadas, las iglesias protestantes han logrado fomentar un nutrido clero nativo y adaptar múltiples prácticas autóctonas, como la música popular. El carácter emotivo, espontáneo e informal de algunos ritos evangélicos, especialmente los pentecostales, ha atraído a miles de fieles. La incorporación efectiva de los laicos a las actividades cotidianas de sus congregaciones también estimuló el arraigo local del protestantismo. Igualmente, las canciones pegajosas, las facilidades para casarse y los servicios educativos y sociales ayudaron a difundir las iglesias protestantes en la Isla.

La ética del trabajo que celebra el progreso personal y la prosperidad material como señales de salvación ha apelado a amplios sectores de la población. Finalmente, el apoyo financiero, la extensa organización y las campañas misioneras de las iglesias evangélicas de Estados Unidos contribuyeron a su éxito en Puerto Rico.

LOS PECADOS DE LA GLOBALIZACIÓN

Quién sabe si Monseñor Gianfranco Girotti imaginó la enorme polémica que desataría su entrevista publicada por el periódico oficial del Vaticano, *L'Osservatore Romano*, el 9 de marzo de 2008. Algunos críticos especularon que la entrevista formaba parte de una campaña de relaciones públicas de la Iglesia Católica para aumentar el número de confesiones. Sea como fuere, la prensa internacional difundió rápidamente la sensacional noticia de que la Iglesia había añadido siete "nuevos" pecados capitales a los enumerados por el Papa Gregorio I hace unos 1,400 años: lujuria, gula, avaricia, pereza, ira, envidia y soberbia.

Ahora, según numerosos diarios alrededor del mundo, los católicos tendrán que confesar otras faltas morales. Dándole rienda suelta a su fantasía, muchos reporteros inventaron mandamientos más o menos ridículos: "No contaminarás la Tierra". "No tirarás las baterías al agua". "Reciclarás las bolsas de plástico". "Recogerás el excremento de tu perro en el parque". "No clonarás". "No traficarás con drogas". "No acumularás riquezas excesivas". Y he aquí mi favorito: "No formularás nuevos códigos éticos".

En rigor, la citada entrevista expresaba la opinión de un sacerdote y no una doctrina institucional. No obstante, como regente del Tribunal Supremo de la Penitenciaría Apostólica, el padre Girotti parece tener acceso privilegiado al Papa Benedicto XVI. (Algunos periodistas lo describen como el número dos del Vaticano a cargo de penitencias e indulgencias.) Ambos prelados han expresado su preocupación de que cada vez menos católicos se confiesan y pocos son sensibles a los dilemas éticos de la globalización, especialmente la biotecnología y la contaminación ambiental. Respondiendo a *L'Osservatore Romano*, Monseñor Girotti consideró que los "pecados" modernos constituyen violaciones a los derechos individuales, sociales y de la naturaleza. Criticó los experimentos científicos que involucran manipulaciones genéticas, como la extracción de células madre de embriones humanos. Añadió que mediante las drogas ilegales "se debilita la psique y se ofusca la inteligencia" de muchos jóvenes. Tras reprochar la creciente "desigualdad social y económica", concluyó que "el área de la ecología" "reviste hoy especial interés" para la Iglesia. En ningún momento habló de "siete nuevos pecados capitales", como rezaban muchos titulares periodísticos.

Más bien, se trataba de actualizar los dogmas católicos. Desde el Concilio Vaticano II, la Iglesia ha reiterado su "opción preferencial por los pobres" y su compromiso con la justicia social. Más recientemente, el Papa Juan Pablo II denunció el aborto, la eutanasia y la pena de muerte como "amenazas a la vida humana". En vez de elaborar nuevas normas teológicas, Monseñor Girotti ratificó los fundamentos éticos de la Iglesia Católica, incluyendo sus controvertidos axiomas sobre la reproducción humana. Asimismo, sus declaraciones reflejaban la percepción de la alta jerarquía católica acerca del relajamiento de la vida sacramental entre los feligreses. Finalmente, la Iglesia invoca el mensaje evangélico de respeto a la naturaleza como creación divina, cuando convoca a sus seguidores a conservar el ambiente.

En su ahora famosa entrevista, el arzobispo Girotti lamentaba que los medios de comunicación masiva desacreditan constantemente a la Iglesia Católica. Irónicamente, numerosos reportajes y reacciones tergiversaron sus expresiones sobre "los nuevos pecados sociales". La recepción internacional de esa capciosa noticia fue generalmente desfavorable, a juzgar por el tono burlón y cínico de muchos documentos publicados en Internet.

Sólo algunos comentaristas reconocieron que los pecados de la globalización apenas representan versiones contemporáneas de antiguos males como la soberbia, la envidia y la avaricia. Quizás sería más apropiado considerarlos como una ampliación de la definición convencional del pecado individual para incluir otros actos destructivos contra la vida, la sociedad y la naturaleza. El mayor desafío es cómo reducir tales actos sin revivir prácticas medievales como la censura, la intimidación y la persecución —es decir, sin alargar la letanía de prohibiciones morales que ya agobian a los mortales.

MATRIMONIO CELESTIAL

Poligamia, incesto y abuso sexual de menores: tales acusaciones llevaron a las autoridades estatales a allanar la finca Yearning for Zion, cerca de Eldorado, Texas, el 3 de abril de 2008. La denuncia de la violación de una muchacha de 16 años provocó la redada del complejo residencial de la Iglesia Fundamentalista de Jesucristo de los Santos de los Últimos Días (FLDS, por sus siglas en inglés). Dicha congregación religiosa —con unos 10,000 seguidores en Utah, Arizona, Colorado, Texas, Dakota del Sur y Columbia Británica (Canadá)— se separó de la Iglesia Mormona en 1890, cuando ésta prohibió la poligamia.

Para los adeptos a la FLDS, el "matrimonio celestial" (incluyendo el plural) es "el principio" sagrado establecido por los fundadores del mormonismo, Joseph Smith y Brigham Young, en el siglo XIX. Según las revelaciones divinas de los profetas, los hombres deben tener al menos tres esposas para llegar al cielo, mientras las mujeres deben someterse incondicionalmente a sus maridos. El más reciente líder máximo de la FLDS, Warren Jeffs, fue condenado el 25 de septiembre de 2007 a diez años de prisión por obligar a una muchacha de 14 años a casarse con su primo de 19. Si un hombre discrepaba de él, Jeffs les "reasignaba" sus esposas, hijos y hogares a otros hombres.

En el mayor caso de intervención estatal en asuntos de bienestar infantil, el gobierno tejano puso bajo custodia protectiva a 464 niños del rancho Yearning for Zion. Se comprobó rápidamente que 31 de 53 adolescentes entre los 14 y 17 años habían estado o estaban embarazadas. Luego se realizaron pruebas de ADN para determinar la paternidad de muchos niños. La costumbre de contraer matrimonios entre primos por varias generaciones ha producido defectos genéticos como retraso mental, epilepsia y encefalitis. Más de la mitad de los 8,000 residentes de Colorado City, Arizona, y Hildale, Utah, desciende de dos fundadores de apellidos Jessup y Barlow.

¿Cómo explicar que tantas personas ingresen a denominaciones religiosas como la FLDS? Para empezar, estos grupos promueven un fuerte sentido de pertenencia, comunidad e identidad difícil de encontrar en la sociedad contemporánea. Además, el fundamentalismo religioso tiene raíces profundas en Estados Unidos, especialmente en sus vertientes protestantes, incluyendo el culto a un líder carismático, la lectura literal de las sagradas escrituras y la práctica de rituales reprochados por la mayoría de los estadounidenses. Algunos sectores de la población, como los más pobres y menos educados de las áreas rurales, se sienten atraídos por la promesa de salvación eterna mediante la observación de estrictos códigos de conducta.

Tales congregaciones suelen tener una jerarquía muy rígida que exige obediencia y conformidad absolutas, particularmente de mujeres y niños. Muchos de estos movimientos religiosos utilizan mecanismos efectivos de adoctrinamiento, como el aislamiento geográfico y social, la imposición de una vestimenta uniforme, la presión comunitaria y la expulsión de los disidentes. Por ejemplo, los niños criados en la FLDS tenían poca exposición al mundo exterior mediante la escuela pública, la televisión y la música popular. Finalmente, las iglesias fundamentalistas frecuentemente encapsulan la vida diaria de los creyentes, inculcando sus propias reglas morales, aun cuando éstas contradigan las normas legales. La conciencia de ser diferentes refuerza su enajenación y tensión con la sociedad circundante.

La insistencia en el matrimonio plural confrontó a la iglesia FLDS con las agencias estatales y la opinión pública en Estados Unidos. Aunque la Constitución garantiza la libertad de culto, la poligamia, el incesto y el abuso sexual de menores son delitos serios. Asimismo, el maltrato psicológico y físico de mujeres y niños son inaceptables moralmente. En el fondo, el "matrimonio celestial" es una estrategia para controlar la sexualidad femenina, otorgar mayores privilegios a los hombres y mantener un sistema de opresión patriarcal.

LOS CALVOS, UNA MINORÍA OPRIMIDA

Según un estudio realizado en España, un calvo tiene 25% menos de probabilidad de conseguir un empleo que alguien con una mata de pelo. Otro estudio encontró que muchos jueces estadounidenses consideran que los calvos son menos sinceros y confiables que los hombres de cabellera abundante. La alopecia —término científico para la caída del pelo— es una de las principales causas de la baja autoestima masculina. Además, investigaciones de la Universidad de Harvard revelan que la alopecia es un factor de alto riesgo para los ataques al corazón. Casi la mitad de los hombres se queda pelona a los 50 años. No en balde, la industria del cuidado del cabello masculino vende unos 10 mil millones de dólares al año mundialmente. El 43% de los españoles ha probado infructuosamente algún tratamiento contra la alopecia.

El pelo ha sido tradicionalmente símbolo de poder, sexualidad, belleza y juventud. En la Grecia clásica, los hombres debían lucir su melena como señal de nobleza. Los calvos se consideraban vulgares en la Roma antigua. Para la España de Quevedo, la calvicie representaba una maldición divina. La Inglaterra isabelina adoptó la peluca larga y rizada como moda de caché. Quién sabe si la reina Isabel se había quedado calva.

Todos esos datos y más son objeto de reflexión, sarcasmo y denuncia en el libro del poeta Eric Landrón, *Vía crucis y redención del calvo...* (San Juan: Editorial Musa Tropical, 2006). La tesis del autor es que la calvicie es un fenómeno natural y no necesariamente una catástrofe emocional. Landrón plantea que "a mayor evolución humana, mayor es la alopecia" (pág. 50). El pelo de la cabeza no cumple ninguna función esencial para nuestra supervivencia como especie. ¿Será cierto que los pelones son más inteligentes que los peludos? El libro recoge numerosas observaciones sobre la alopecia, incluyendo citas bíblicas, estudios antropológicos e históricos, artículos de Internet, poemas clásicos y del autor, anécdotas y ensayos personales, así como caricaturas de Rita Llanes y un prólogo del escritor chileno Antonio Skármeta. Según este último, "Landrón posee espíritu enciclopédico y burlón" (pág. 12). Incluso, el autor se mofa de sí mismo, desde que se quedó calvo precozmente y descubrió que "la calvicie heredada y erosionada conforma mi inescapable Destino" (pág. 28).

Tanto el irreverente texto de Landrón como las divertidas caricaturas de Llanes invocan un panteón de calvos famosos a lo largo de la historia, incluyendo a Hipócrates, Julio César, Napoleón, José Martí, Pablo Casals, Pablo Picasso, Alfred Hitchcock, Pablo Neruda, Yul Brynner, John Wayne, Telly Savalas, Sean Connery, Óscar de la Renta, Patrick Stewart, Antonio Martorell, Earvin "Magic" Johnson y Héctor Luis Acevedo. Según Landrón, este último político perdió las elecciones locales de 1996, frente a Pedro Rosselló, sobre todo por falta de greñas. Entre paréntesis, los estadounidenses nunca han elegido a un presidente pelón.

Como todo buen texto cómico, éste remite a experiencias vividas como trágicas por el autor y millones de hombres (incluyéndome) que sufrimos la caída irreversible del pelo como una alteración significativa de nuestra identidad personal y una pérdida de nuestra apariencia juvenil. La moraleja del libro es que debemos aceptarnos como somos: olvidarnos de tanto emplegoste inservible para detener la alopecia, así como de bisoñés, peinados improbables, transplantes y pastillas mágicas que apenas disimulan nuestra condición genética inexorable. En este autorreconocimiento estriba la redención del calvo que predica Landrón, llevándolo a proponer una Declaración Universal de los Derechos Humanos de los Calvos y de las Calvas, así como una asociación de Alopécicos Anónimos (AA).

La próxima vez que oiga que "los calvos son sexy", recuerde que también constituyen una minoría oprimida, como los bajitos, canosos y jinchos (con quienes me solidarizo). Quizás convendría organizarnos para defender mejor nuestros intereses colectivos. Como proclama Landrón, "¡Calvos del mundo, uníos!"

SIMPLICIDAD INVOLUNTARIA

Un creciente número de personas alrededor del mundo ha adoptado la consigna de la "simplicidad voluntaria". Este movimiento social busca transformar los patrones de consumo, valores tradicionales y políticas públicas de los países industriales avanzados. Muchos de sus líderes cuestionan el vínculo convencional entre riqueza y calidad de vida, abogando por la reducción de las posesiones materiales y el cultivo de las relaciones interpersonales. En síntesis, se trata de retomar un modo de vida más moderado, saludable, responsable y sostenible.

En 1936, el filósofo estadounidense Richard Gregg acuñó la frase "simplicidad voluntaria" para referirse al balance entre crecimiento espiritual y material. La idea central es rescatar el tiempo y la energía dedicados a los gastos superfluos, el empleo remunerado y la tecnología. Afincado en filosofías clásicas, cristianas, budistas e hinduistas, el movimiento de simplicidad voluntaria cobró auge en Estados Unidos durante la década de 1980. Actualmente existen numerosas organizaciones afines en varias naciones europeas.

En Puerto Rico, la tendencia dominante hasta ahora ha sido la expansión de la sociedad de consumo, orientada hacia la adquisición de múltiples mercancías innecesarias para la supervivencia. Por mucho tiempo, el desarrollo económico se midió principalmente por el número de automóviles, sacos de cemento, teléfonos y kilovatios consumidos.

El proceso de industrialización de los últimos 60 años reconfiguró profundamente a la sociedad puertorriqueña, desplazando al grueso de la población rural, promoviendo la urbanización y ampliando el poder adquisitivo de la clase media. El aumento vertiginoso del costo de la vida —particularmente la gasolina, la electricidad, el agua, la leche, la carne, el arroz, el maíz y otros alimentos básicos— ha socavado muchas prácticas cotidianas de los puertorriqueños. No obstante, es difícil que la ética de la austeridad se arraigue repentinamente en una población acostumbrada a acumular bienes asociados al progreso, el status social y el bienestar material. Imagínese qué pasaría si aquí surgiera la "simplicidad involuntaria", como resultado de la recesión económica.

Mucha gente dejaría de envolver las fachadas de sus casas con lucecitas de colores durante los dos largos meses de la temporada navideña. En vez de usar el carro hasta para ir a la vuelta de la esquina, caminaríamos más, montaríamos bicicletas o patrocinaríamos el Tren Urbano. Como después de un huracán, apagaríamos televisores, computadoras y otros equipos eléctricos, para conversar en los balcones.

Dejaríamos de peregrinar semanalmente a los templos de comida chatarra. Sembraríamos más palos de limón, china, acerola y guineo, así como lechuga, tomate, culantro, ají y otras especias, en huertos caseros. Reciclaríamos la mitad de las casi cinco libras de basura que generamos diariamente. Junto a los *yuppies* estadounidenses, le declararíamos la guerra al plástico.

Botaríamos esos inservibles tarecos guardados en el garaje y aplicaríamos fielmente los principios del Feng Shui. Los centros comerciales se vaciarían y las plazas públicas se abarrotarían de productos orgánicos. Los libros de San Francisco de Asís, Thoreau, Emerson, Gandhi y Tagore serían grandes éxitos de venta.

Como nuestros antepasados indígenas, muchos se refugiarían en las montañas, huyendo de la contaminación urbana.

Algunos extremistas quemarían su ropa de poliéster y sólo usarían rústicos diseños de algodón como los Amish de Pensilvania. Otros, más orientalistas, seguirían una estricta dieta vegetariana y practicarían yoga y meditación trascendental. Tal escenario es improbable para el futuro inmediato en Puerto Rico. Sin embargo, convendría frenar el despilfarro de petróleo, luz eléctrica y agua; conservar recursos naturales como el aire, la tierra y los bosques; alimentarnos más sanamente y buscar medios alternativos de transporte, como predica el movimiento de simplicidad voluntaria. Quizás así mejoraría nuestra calidad de vida, aun en medio de la crisis fiscal, la inflación de los precios, el impuesto sobre las ventas y el estancamiento salarial, calamidades que nos agobiarán por buen rato.

POR QUÉ A LOS HOMBRES NO LES GUSTA IR DE COMPRAS (ESPECIALMENTE CON LAS MUJERES)

Hace algún tiempo, mi esposa y yo visitamos a una pareja de viejos amigos, que habían estado recientemente en Italia. Nos empezaron a contar animadamente de su fabuloso viaje, con fotos y todo. Entonces nuestra amiga declaró que el único problema con el viaje había sido que su marido no quería acompañarla a las tiendas de turistas porque "está hecho un viejo". Él se defendió señalando que ella quería entrar a todas las tiendas, comparar precios y mirar *souvenirs* que después no compraba. De pronto se había roto la armonía matrimonial.

Ni corto ni perezoso, decidí investigar un poco más sobre el tema. En una fiesta de cumpleaños, entrevisté informalmente a varios amigos varones y sus esposas. Casi todos estaban de acuerdo en que hombres y mujeres no pueden ir de compras juntos, a menos que sea absolutamente necesario. A continuación enumero cuatro de las razones principales.

En primer lugar, a la mayoría de los hombres le gusta ir a una tienda específica a comprar un artículo particular (una camisa, una revista, un disco compacto) y volver a casa lo antes posible. En cambio, a muchas mujeres les encanta pasear por los centros comerciales por horas, mirando los escaparates a través de las ventanas y planeando lo que van a regalarles a sus familiares en las Navidades con meses de anticipación. Son dos prácticas de consumo totalmente distintas.

En segundo lugar, la mayor parte de la clientela de las tiendas por departamento son mujeres, lo cual hace sentir a los hombres como cucarachas en fiesta de gallinas. Muchas de las grandes cadenas comerciales, por ejemplo, le dedican el primer piso entero a vender cosméticos, ropa, joyas, zapatos, carteras y otros artículos exclusivamente femeninos. ¿Cómo no se va sentir mal un hombre en un lugar que discrimina tan abiertamente contra sus gustos, necesidades e intereses? Y ni hablar de una tienda de ropa interior para mujeres. La vergüenza es mucho más poderosa que la atracción erótica.

En tercer lugar, a las mujeres generalmente les aburre ir a las tiendas orientadas hacia una audiencia masculina —por ejemplo, las que venden equipos electrónicos que la mayoría de las féminas no entiende ni aprecia, tales como estéreos, computadoras y cámaras de video. Tampoco les suelen apasionar las ferreterías, los talleres de mecánica y las tiendas de efectos deportivos. En estos centros de consumo donde reina la testosterona, entran pocas mujeres y, cuando lo hacen, desesperan a sus maridos y novios porque están locas por irse a tomar un yogur congelado o llevar a los niños a montarse en el carrusel.

Por último, a muchos hombres no les gusta ir de compras con las mujeres simplemente porque tal costumbre podría representar una franca admisión de debilidad frente al género femenino. Me refiero a la evidente superioridad de las mujeres a la hora de encontrar mejores precios, regateando rebajas porque la mercancía está defectuosa o el inventario de ventas especiales no tenía suficientes ejemplares del artículo en cuestión. Conozco pocos hombres que recortan cupones de descuentos en los periódicos o los catálogos de promoción que inundan sus buzones de correo regular o electrónico. Para algunos hombres es preferible comprar por su cuenta, aunque tengan que pagar más por el mismo producto que expertas consumidoras conseguirían a un precio ridículamente bajo.

Moraleja: la próxima vez que vaya de compras, deje a su marido o su novio en casa, viendo el partido de fútbol o tomándose una cervecita. Permítale que vaya solo o con alguno de sus amigotes a su tienda de preferencia. Así preservará la ilusión de armonía entre los sexos.

POR QUÉ LOS HOMBRES NO LLORAN (ESPECIALMENTE EN LAS BARBERÍAS)

Hace algún tiempo, visité con mi esposa y mis hijos el Museo de Arte de Puerto Rico. Allí me sorprendió la instalación de medios mixtos del artista puertorriqueño Pepón Osorio, *En la barbería no se llora* (1994). Se trata de un salón enorme, con pisos de cuadros blancos y negros, que recrea una barbería típica, con sus sillas rojas, amplios espejos, fotografías en las paredes, trofeos deportivos y todo el equipo necesario para recortar el pelo de los hombres, incluyendo tijeras, máquinas de cortar, navajas, peines, cremas de afeitar, aerosoles para el pelo y talco de polvo. Desde que uno entra al salón escucha continuamente canciones de salsa de un tocacintas. Dos letreros pegados en los espejos advierten "No gossip allowed" y "Se habla español".

En el centro del salón hay una mesa de billar, a un costado un mural de una rosa con balas de pistola que lee "Perdóname madre" y al otro lado una estatua de San Lázaro, el patrono de los leprosos. También hay varias pantallas de vídeos incrustadas en los espejos, junto con tres pequeños televisores montados en los respaldares de los sillones de barbería. Los vídeos muestran escenas de hombres llorando copiosamente, jugando dominó, amarrándose la corbata, alzando pesas, flexionando sus músculos y agarrándose sus partes privadas. Alrededor del salón se encuentran docenas de fotos de peloteros, boxeadores y músicos, donde sólo aparecen tres mujeres, y una gran cantidad de lo que se conoce en Puerto Rico como tapabocinas, las esferas metálicas que se colocan encima de las gomas de los carros. Éste es un mundo de hombres para la contemplación de otros hombres. Osorio se burla de numerosos clichés del machismo latinoamericano en esta instalación artística. ¿Por qué no se puede llorar en la barbería? Porque se supone que los hombres, especialmente los latinos, no muestren sus sentimientos más tiernos. Tampoco se espera que chismeen ni se toquen, excepto en un lugar como éste, donde es inevitable la conversación casual y el contacto físico entre varones. Este espacio exclusivamente masculino permite que los hombres se miren, se acicalen, se cuenten sus penas, compartan sus triunfos y fracasos, comenten las noticias del día y discutan de política, religión o sexo. Todo eso ocurre sin que nadie cuestione la hombría de los presentes.

Aunque dicen que muchos niños aprenden a ser hombres en la barbería, no tengo muchas memorias infantiles de esa experiencia. Desde que yo era pequeño, mi padre decidió convertirse en barbero aficionado para ahorrar dinero (tenía cuatro hijos varones a los que había que recortar una vez al mes). Así que siempre fui víctima de los ensayos más o menos felices de mi padre con mi difícil pelo rizado, que en el mejor de los casos terminaban con un peinado corto al estilo militar y algunas "cucarachas", como él llamaba a sus frecuentes accidentes estilísticos. De muchachos, mi hermano mayor y yo soñábamos con ir a la barbería y ahorrábamos cuanto podíamos para juntos cumplir con ese rito de la masculinidad. Mi padre nunca pudo entender nuestro deseo compartido de escapar de sus máquinas y tijeras ni nuestra preferencia por pagarle a un profesional para que nos cortara el pelo. Aunque en la barbería no se pudiera llorar, se minimizaba el riesgo de las cucarachas paternas.

¿Por qué no pueden llorar los hombres, ni en la barbería ni en otros sitios públicos? Será porque las emociones se consideran tradicionalmente expresiones de debilidad y vulnerabilidad, propias de las mujeres. A los hombres se nos enseña desde niños a controlar nuestros cuerpos para comunicarles a los demás que somos fuertes, duros y seguros de nosotros mismos. Hay que tener mucho cuidado con la manera de caminar, sentarse y mover las manos, así como con la ropa que uno se pone, porque pueden revelar fácilmente alguna señal de afeminamiento. Apenas se nos permite expresar abiertamente nuestros instintos agresivos, gritando, gesticulando, tirando puertas o rompiendo platos. Los demás estados emocionales, como el miedo, el dolor, la compasión, el amor romántico y el amor filial, se asocian con la psiquis femenina en las culturas latinas. Por lo tanto, deben reprimirse según las normas establecidas de conducta masculina. Sólo en determinados lugares, como las barberías y las barras, y en ciertas ocasiones, como cuando está medio borracho o enfermo, puede un hombre confesar sus sentimientos más íntimos a otro hombre, sin temor a ser acusado de flojo, cobarde u homosexual.

Afortunadamente, las cosas están cambiando. Ya no se espera que los hombres aguanten el sufrimiento sin quejarse ni que las mujeres sean histéricas todo el tiempo. Muchos estilistas atienden a una clientela mixta de hombres y mujeres. Los hombres "metrosexuales" pueden preocuparse por su apariencia física y seguir siendo varoniles. Las mujeres pueden asumir puestos de poder económico y político sin perder su atractivo femenino. Muchos hombres y mujeres se han liberado del yugo del machismo que restringía ocupaciones, actitudes y estilos de vida según estereotipos convencionales. Pero todavía persiste la idea de que el hombre y la mujer son distintos por naturaleza y este mito justifica la desigualdad entre los sexos en múltiples aspectos de la vida social. Muchas actividades y lugares aún están segregados por género, como las barberías y los salones de belleza.

Ya casi nunca voy a la barbería, excepto para llevar a mi hijo. Desde que me quedé calvo, me rehúso a pagar $10 porque me rebajen el poco pelo que me queda. En su lugar, le pido a mi esposa que me recorte de vez en cuando en casa. Así matamos dos pájaros de un tiro: me ahorro el dinero del barbero, como quería mi padre, y no tengo que llorar en público, si me queda mal el recorte.

PIROPOS

Cuando era muchacho, salía de vez en cuando con algunos amigos a almorzar a un restaurante de comida rápida, para evitar la pésima cocina del colegio y escaparnos de la rutina exclusivamente masculina. (Nuestro colegio era sólo para varones.) Entonces cumplíamos con el rito de pasar por una escuela de muchachas y en cuanto veíamos a un miembro del sexo opuesto, le gritábamos al unísono: "¡Piropo! ¡Piropo!" Las receptoras de tan extraños cumplidos colectivos nos miraban como si estuviéramos locos y a veces sonreían con la ocurrencia de esos cinco o seis adolescentes apiñados en un Volkswagen estilo cucaracha.

También recuerdo que Armando, un buen compañero de estudios universitarios, me contó que un día, mientras corría por la playa, cruzó cerca de varias hermosas mujeres que tomaban el sol, acostadas en la arena, con unos bikinis muy reveladores. Mi amigo las miró disimuladamente al pasar frente a ellas, cuando una lo sorprendió diciéndole: "Amigo, se ve bien..." Jamás olvidaré la expresión de desconcierto de mi amigo cuando me contó el piropo de la joven amazona. Como no supo qué contestarle, dio la vuelta y huyó corriendo. ¿Qué otra cosa podía hacer un don Juan conquistado?

Por mi parte, no sé cuándo ni cómo aprendí a decir piropos. Supongo que esa práctica forma parte de la educación sentimental de todo hombre latino. Reconocer y halagar públicamente la belleza femenina, sobre todo frente a otros hombres, eran requisitos de la conducta masculina hasta que se convirtieron en objeto de denuncia del feminismo como tácticas de hostigamiento sexual. El arte de apreciar a una "buena hembra" y expresar verbalmente el deseo no consumado por poseerla no eran, hasta hace poco, considerados actos políticamente incorrectos, sino una forma de galantería, caballerosidad y en ocasiones seducción, que no tenía la intención de degradar a la mujer, sino enaltecerla.

De los piropos que aprendí durante mi juventud, sólo recuerdo algunos de los más comunes: "¡Tanta curva y yo sin frenos!" "¡Tanto jamón y yo a dieta!" "Tú con tanta carne y yo pasando hambre". "Si cocinas como caminas, me como hasta el pegao". Muchos piropos recurren a la comida como imagen del deseo carnal. Otros siguen la fórmula retórica de "Quién fuera…", como "Quién fuera bizco para verte dos veces" o "Quién fuera bolsa de mano para andar de tu brazo".

Algunos, como éste que le dijeron a mi esposa (cuando era soltera), resultan más arriesgados: "Te pareces a Santa Bárbara: santa por delante y bárbara por detrás". Ciertos piropos podrían considerarse poemas tradicionales: "Quisiera ser lágrima para nacer en tus ojos, rodar en tu mejilla y morir en tu boca". O este otro: "¿Por qué el cielo está nublado? Porque todo el azul está en tus ojos". Muchos, menos románticos, no podrían imprimirse aquí por ser francamente obscenos y ofensivos a la dignidad de la mujer. Hay piropos y hay piropos. Los hay cursis o picantes, sutiles o groseros, cultos o vulgares, graciosos o antipáticos.

En esas frases hechas, siempre dirigidas a mujeres jóvenes y guapas en la calle, lo importante parece ser el humor picaresco y no el mensaje explícitamente sexual. El piropo tiene que ser sucinto, generalmente de una sola oración. No hay tiempo para regodeos ni para elaborar los argumentos. Hay que decirlo rápidamente a una transeúnte fugaz que probablemente no volverá a verse jamás. El piropo debe ser ingenioso y memorable, aunque no necesariamente original, para que surta el efecto esperado: que la mujer se sienta mirada, admirada y deseada. Demás está decir que el objeto del deseo debe mostrar la más absoluta indiferencia ante la atención prestada por los hombres, si se trata de una "mujer decente". Una sonrisa recatada es la respuesta más pertinente. En ocasiones, lamentablemente, el piropo puede ser una forma de atención indeseable para muchas mujeres en lugares públicos.

Aunque quizás sea una costumbre universal y antigua, los piropos son muy populares entre los pueblos latinos de Europa y América, especialmente en España, Italia, México, Argentina, Cuba, República Dominicana y Puerto Rico. Este pequeño arte verbal es más común en América Latina que en Estados Unidos, donde ni siquiera existe una traducción literal del término al inglés. En nuestros países, el piropo refleja claramente la desigualdad entre hombres y mujeres. Generalmente, los hombres son los que piropean a las mujeres y no a la inversa. El privilegio masculino de alabar abiertamente el cuerpo femenino es uno de los rasgos sobresalientes del machismo latinoamericano. La mujer, por su parte, debe resistir el asecho verbal del hombre, aunque sea un extraño, sin molestarse ni quejarse. Esta expectativa está arraigada en el marianismo —ideología modelada en la vida de la Virgen María—, la contrapartida tradicional del machismo. De tal modo, los piropos reproducen la imagen convencional del hombre como sujeto activo y la mujer como objeto pasivo del placer.

Como esposo y padre, me preocupan los excesos del piropeo. La primera vez que mi esposa y yo visitamos un vecino país latinoamericano, un inspector de inmigración revisó el pasaporte de ella y, cuando vio que tenía un lunar en la barbilla, le empezó a cantar "Cielito lindo" —¡delante de mí! Siempre pensé que una de las reglas no escritas de los piropos era que ningún hombre podía coquetear con una mujer acompañada por otro hombre. Y ahora, cuando pienso en que mi hija universitaria tendrá que cruzar la calle cerca de un grupo de obreros de construcción, me pregunto si piropear es un pasatiempo tan inocente como pensaba cuando yo era muchacho. ¿Cómo pueden esos sinvergüenzas faltarle el respeto a mi bebita, descargando sus lujuriosas palabras, miradas y silbidos sobre su tierna figura? ¡Hasta ahí llegamos!

MADRE

En 1995, mi madre nos dio a sus hijos, familiares y amigos una memorable lección de cómo enfrentar el sufrimiento físico con la fuerza moral de su carácter, espíritu y esperanza. Nunca puso mala cara ante el dolor, sino que lo integró a su vida diaria y se sobrepuso a él como tantas veces había superado experiencias traumáticas, como el exilio y el divorcio.

Poco antes de morir, me dijo que lo más relevante en su vida era ser madre. Le contesté que era cierto, pero que también había sido una amiga extraordinaria. Ciertamente, nos tocó de manera especial a cada uno de sus hijos. Nos enseñó a valorar la familia como centro emocional de nuestras vidas, incluyendo a numerosos parientes que no recordábamos claramente porque vivían lejos. Cuando mi tía paterna y dos primos se mudaron a Puerto Rico, mi madre los acogió inmediatamente. Incluso llegó a aceptar a su media hermana, a quien conocimos en la boda de mi primo. Aunque mi madre había jurado que su madrastra jamás pondría pie en su casa, en una lección de humildad suprema, la invitó a acompañar a mi abuelo la única vez que vino a visitarnos.

¡Cómo extraño la inteligencia, curiosidad, generosidad, optimismo y picardía de mi madre! ¿Cómo olvidar la importancia que le dio siempre a la educación de sus hijos, hija de maestros al fin? ¿Qué mayor satisfacción que ver al menor de mis hermanos graduarse de universidad y convertirse en un profesional? Mi madre quería convencerme de que estudiara otro doctorado en psicología clínica, quizás porque ella hubiera querido ser psicóloga o médica o porque uno de sus pasatiempos favoritos era psicoanalizar a sus cinco retoños. "¡Qué distintos son mis hijos!", solía exclamar y proceder a comparar, apreciar y perdonar cuando hacía falta aceptar las limitaciones de cada cual. Echo de menos nuestras largas y sesudas conversaciones, especialmente después de devorarse el suplemento dominical del periódico.

Su sentido del humor se quedó con sus hijos, como una estrategia útil para confrontar las dificultades en el trabajo, el matrimonio, la vida diaria. De ella heredamos su forma de burlarse "hasta de su madre". Desde pequeños, nos acostumbramos a buscarle la chispa a la vida, a fumárnosla hasta el cabo, a rebelarnos contra las figuras de autoridad cuando fuera necesario, a evitar "los alardes de sapiencia", como una vez le recriminó a un amigo mío. Mi madre siempre lograba encontrar el lado cómico de las cosas, aun en medio de la seriedad con que trabajaba, cuidaba a sus hijos, discutía asuntos políticos apasionadamente, se preocupaba por los demás, se planteaba preguntas existenciales que sólo un teólogo podía contestar. Al final leyó mucho y quería leer más, si no hubiera sido por las medicinas que la adormecían y confundían su mente.

No sé de dónde sacaba tantas fuerzas ese cuerpo debilitado y enflaquecido por la enfermedad y los remedios aún peores. Parecía un milagro que sobreviviera tantas crisis o quizás fueron su personalidad indómita y la solidaridad de tanta gente buena a su alrededor las que la nutrieron todos esos meses. Nunca olvidaré sus ganas de vivir, su intensidad para hacerlo todo, desde vender cosméticos y ropa hasta redecorar la casa o visitar a sus hijos regados por Estados Unidos. No conozco a nadie que haya vivido más a plenitud los años que le tocaron vivir. Como afirma el refrán, que le quiten lo bailado.

Murió a los 65 años de edad y 30 de mentalidad, porque según ella misma decía, todavía le quedaban muchísimas cosas por hacer. Pero en ese tiempo, dejó una huella imborrable entre sus hijos. Su alma pasó a otro estado de ser, más avanzado y puro, como decía últimamente. Ahora su espíritu está liberado de las ataduras del cuerpo y en algún momento nos juntaremos nuevamente con ella, a compartir una lasaña metafísica o un arroz relleno místico. Mientras tanto, cada Día de las Madres recordaré especialmente a mi madre y le agradeceré que nos haya traído al mundo, que haya parido cinco veces aunque no le gustaran los niños, que haya tomado la dura decisión de rehacer su vida fuera de su país natal, que nos haya sostenido prácticamente ella sola después que se separó de mi padre y sobre todo que nos haya hecho el infinito regalo de su amor incandescente.

FUENTES ORIGINALES DE LOS TEXTOS INCLUIDOS EN ESTE LIBRO

"Analfabetos bilingües". *El Nuevo Día*, 9 de noviembre de 2005, pág. 93.
"Anglos versus hispanos". *El Nuevo Día*, 10 de marzo de 2004, pág. 93.
"Apellidos hispanos". *El Nuevo Día*, 9 de enero de 2008, pág. 66.
"'Buscando mejor vida': la diáspora dominicana en Puerto Rico". *Claridad*, 23-29 de diciembre de 2004, pág. 37.
"Los calvos, una minoría oprimida". *El Nuevo Día*, 13 de diciembre de 2006, pág. 90.
"Celularitis". *El Nuevo Día*, 14 de noviembre de 2007, pág. 92.
"El censo, la raza y los puertorriqueños". *El Nuevo Día*, 18 de febrero de 2000, pág. 135.
"Cómo leer el 'reggaeton'". *El Nuevo Día*, 13 de mayo de 2009, pág. 62.
"Cubarriqueño". *El Nuevo Día*, 13 de febrero de 2008, pág. 80.
"Cuestión de idioma". *El Nuevo Día*, 10 de diciembre de 2003, pág. 83.
"¿De dónde viene la salsa?" *El Nuevo Día*, 14 de julio de 2004, pág. 79.
"Un día sin dominicanos". *El Nuevo Día*, 10 de mayo de 2006, pág. 93.
"Elvira Arellano". *El Nuevo Día*, 8 de agosto de 2007, pág. 84.
"En auge las empresas dominicanas". *El Nuevo Día (Negocios del Domingo)*, 11 de mayo de 1997, págs. 12-13.
"¿Es usted ciudadano americano?" *El Nuevo Día*, 10 de noviembre de 2004, pág. 93.
"Los 'florirricans'". *El Nuevo Día*, 9 de marzo de 2005, pág. 87.
"Fronteras". *El Nuevo Día*, 10 de octubre de 2007, pág. 80.
"La 'guetización' de San Juan". *El Nuevo Día*, 11 de junio de 2003, pág. 97.
"Hablar raro". *El Nuevo Día*, 8 de noviembre de 2006, pág. 97.
"Identidad nacional y religiosidad popular". *El Nuevo Día*, 8 de octubre de 2003, pág. 83.
"Un inmigrante romántico". *El Nuevo Día*, 10 de junio de 2009, pág. 60.
"Jabao". *El Nuevo Día*, 10 de diciembre de 2008, pág. 64.

"¿Los 'judíos' del Caribe?" *El Nuevo Día*, 7 de julio de 2003, pág. 71.

"La latinización de los Estados Unidos". *El Nuevo Día*, 12 de febrero de 2003, pág. 125.

"Latinos". *El Nuevo Día*, 11 de abril de 2007, pág. 88.

"'Lo tengo dominao': el *boom* de las merengueras en Puerto Rico". *Diálogo*, octubre de 1998, págs. 28-29.

"Los de afuera". *El Nuevo Día*, 8 de junio de 2005, pág. 83.

"Madre". *El Nuevo Día*, 9 de mayo de 2007, pág. 88.

"La mancha de plátano". *El Nuevo Día*, 14 de marzo de 2007, pág. 88.

"Manos que sobran". *El Nuevo Día*, 14 de septiembre de 2005, pág. 79.

"Más allá de las balsas". *El Nuevo Día*, 9 de septiembre de 2004, pág. 89.

"Matrimonio celestial". *El Nuevo Día*, 14 de mayo de 2008, pág. 60.

"Me subió la bilirrubina". *El Nuevo Día*, 10 de agosto de 2005, pág. 85.

"Mejor construir puentes que muros". *Diálogo*, mayo-junio de 2007, pág. 38.

"'Migradólares'". *El Nuevo Día*, 17 de julio de 2006, pág. 66.

"Un mime en la leche". *El Nuevo Día*, 8 de julio de 2009, pág. 60.

"Missiología". *El Nuevo Día*, 13 de julio de 2005, pág. 83.

"La nación en la diáspora". *El Nuevo Día*, 6 de diciembre de 2004, pág. 67.

"La nación en vaivén". *Revista Domingo, El Nuevo Día*, 22 de julio de 2001, pág. 13.

"¿Una nación sin inmigrantes?" *Plural* 16 (2006), págs. 11-12.

"La nación taína". *El Nuevo Día*, 13 de agosto de 2003, pág. 81.

"Nacionalidad contra ciudadanía". *El Nuevo Día*, 12 de agosto de 2009, pág. 64.

"El nacionalismo deportivo banal". *El Nuevo Día*, 12 de septiembre de 2007, pág. 82.

"Naciones sin Estado". *El Nuevo Día*, 9 de abril de 2003, pág. 123.

"Las Navidades más largas del mundo". *El Nuevo Día*, 12 de enero de 2005, pág. 65.

"Nombres boricuas". *El Nuevo Día*, 11 de enero de 2006, pág. 79.

"Nosotros los 'jinchos'". *El Nuevo Día*, 11 de julio de 2007, pág. 84.

"El occiso estaba muerto". *El Nuevo Día*, 8 de febrero de 2006, pág. 83.

"Orígenes". *El Nuevo Día*, 10 de enero de 2007, pág. 78.

"Para montarse en un elevador". *El Nuevo Día*, 14 de febrero de 2007, pág. 88.

"Paradojas raciales de los puertorriqueños". *El Nuevo Día*, 12 de marzo de 2003, pág. 113.

"Los pecados de la globalización". *El Nuevo Día*, 9 de abril de 2008, pág. 62.

"Pegatinas". *El Nuevo Día*, 12 de octubre de 2005, pág. 89.

"Piropos". *El Nuevo Día*, 13 de abril de 2005, pág. 91.

"Por qué a los hombres no les gusta ir de compras (especialmente con las mujeres)". *Nuestra Gente* 12, núm. 3 (2004): 48-49.

"Por qué los hombres les dicen piropos a las mujeres". *Nuestra Gente* 13, núm. 1 (2005), págs. 54-55.

"Por qué los hombres no lloran". *El Nuevo Día*, 13 de octubre de 2004, pág. 95.

"Por qué los hombres no lloran (especialmente en las barberías)". *Nuestra Gente* 12, núm. 5 (2004): 52-53.

"¿Por qué tantos convertidos al protestantismo?" *El Nuevo Día*, 11 de mayo de 2005, pág. 93.

"La 'puertorriqueñización' de la Florida". *Revista Domingo, El Nuevo Día*, 16 de junio de 2002.

"¿Puertorriqueños, hispanos o latinos?" *Foro, El Nuevo Día*, 8 de febrero de 2004, pág. 3.

"'Queslaque, loko'". *El Nuevo Día*, 12 de marzo de 2008, pág. 68.

"Los 'radicales' boricuas de Chicago". *El Nuevo Día*, 12 de noviembre de 2003, pág. 99.

"Ritos de pasaje". *El Nuevo Día*, 14 de junio de 2006, pág. 82.

"Sacar la bandera". *El Nuevo Día*, 5 de septiembre de 2003, pág. 83.

"Salsa, cocolos y rockeros". *Revista Domingo, El Nuevo Día*, 12 de febrero de 1984, págs. 17-19.

"Santacló contra los Reyes". *El Nuevo Día*, 14 de enero de 2004, pág. 65.

"La seriedad del humor étnico en Puerto Rico". *Diálogo*, enero de 2001, págs. 18-19.

"Simplicidad involuntaria". *El Nuevo Día*, 13 de agosto de 2008, pág. 73.

"El síndrome puertorriqueño". *El Nuevo Día*, 11 de agosto de 2004, pág. 93.

"Los tomateros". *El Nuevo Día*, 9 de julio de 2008, pág. 52.

"Volver a La Habana". *El Nuevo Día*, 11 de febrero de 2004, pág. 97.

ÍNDICE ONOMÁSTICO Y TEMÁTICO

Acevedo, Héctor Luis, 223
Administración de Asuntos
　Federales de Puerto Rico, 81-82
Afroamericanos, 21, 43, 44, 78, 103,
　104, 111-12, 138, 161, 203, 204, 211
Albita (cantante cubana), 196
Albizu Campos, Pedro, 95, 96
Álvarez, Ignacio (Nacho), 177
Álvarez Nazario, Manuel, 56
Anglos, 92, 113, 114, 138, 155, 160-62,
　181, 194
Anglosajones. *Véase* Anglos
Anthony, Marc, 112
Arellano, Elvira, 157-59
Arrau, Sergio, 135
Arroyo, Carlos, 33
Ashley (cantante puertorriqueña),
　196, 197, 200
Asimilación: de los cubanos en
　Puerto Rico, 117; de los
　migrantes en Estados Unidos, 25,
　104, 160; de los puertorriqueños
　a Estados Unidos, 34, 98, 194-96
Asociación de Profesionales
　Puertorriqueños del Sur de la
　Florida (PROFESA), 91-92
Ataques de nervios, 52-54

Badillo, Casandra, 211
Balseros, 118-19
Banco Interamericano de Desarrollo,
　100, 101, 132
Bandera puertorriqueña, 30-31, 37,
　39, 66, 95, 173
El Barrio (Harlem hispano), 104, 127,
　193
Barrio Capetillo (Río Piedras, Puerto
　Rico), 128, 136

Barrio Gandul (Santurce, Puerto
　Rico), 127, 129, 136
Barrio Obrero (Santurce, Puerto
　Rico), 127, 136
Belkis Concepción y su Grupo, 196
Berry, Halle, 44
Beyoncé, 44
Bilingüismo: en Estados Unidos, 28,
　96, 108, 160-61; en Puerto Rico,
　60-62, 66-67, 97-99
Billig, Michael, 32
Blades, Rubén, 190
Blanco, Mirtha, 17, 67, 239-41
Blanqueamiento, 43, 47, 48, 200
Blanquitos, 44, 103, 208
Bonilla, Frank, 80
Bosch, Juan, 122
Bush, George W., 93, 119, 151, 153,
　155, 158

Cámara de Comercio Hispana de la
　Florida Central, 92
Cámara de Representantes de
　Estados Unidos, 148-50, 154
Candelario, Ginetta, 211
Carthy-Deu, Deborah, 36
Casa de las Américas (Cuba), 69
Castro, Fidel, 118
Censo de la población: cálculos de la
　emigración puertorriqueña, 86,
　90; cálculos de la migración
　cubana a Puerto Rico, 116;
　cálculos de la migración
　dominicana a Puerto Rico, 139;
　cálculos de la migración de
　retorno a Puerto Rico, 97;
　clasificación de la raza, 43-48,
　105-9; clasificación de latinos,

ÍNDICE ONOMÁSTICO Y TEMÁTICO

106, 108-11; enumeración de apellidos hispanos, 113; estadísticas socioeconómicas, 78-79; patrones de asentamiento de dominicanos en San Juan, 122, 127-28; población puertorriqueña en Miami, 91; prácticas lingüísticas, 58-59, 87
Centro Ceremonial Indígena de Caguana, 64
Centro Ceremonial Indígena de Tibes, 64
Centro Cultural Juan Antonio Corretjer, 96
Centro para la Nueva Economía (Puerto Rico), 101
Cepeda, Bonnie, 196
Cheyenne (cantante puertorriqueño), 13
Chicago (comunidad puertorriqueña en), 26, 78, 89, 95-96, 157
Chicas del Can, 196, 199
Chistes sobre dominicanos en Puerto Rico, 136, 138-44
Cintrón, Jailene, 196, 197, 200
Ciudadanía estadounidense, 27-28, 69-71, 108, 145-47, 164
Cocolos, 13, 56, 103, 190, 191-92, 194
Coleman, Walter, 158
Colón, Willie, 189
Colonialismo. *Véase* Status político de Puerto Rico
Concepción, Belkis, 199
Concursos de belleza, 33, 35-37
Conflictos generacionales, 175, 177-79
Corretjer, Juan Antonio, 23
Cortázar, Julio, 169
Crespo, Elvis, 92
Crossover, 197, 203
Cruz, Celia, 189, 196
Cruz, Ramón, 97
Cubanos en Estados Unidos. *Véase* Migración cubana a Estados Unidos
Cubanos en Puerto Rico. *Véase* Migración cubana a Puerto Rico
Cultura popular: definición, 16-17. *Véase también* Concursos de belleza, Merengue, Navidades en Puerto Rico, Reggaetón, Religiosidad popular, Salsa

D'León, Oscar, 190
Departamento de Asuntos de la Comunidad Puertorriqueña en los Estados Unidos, 81
Departamento de Educación (Puerto Rico), 97, 98
Departamento de Seguridad Interior (Estados Unidos), 153
Desfile Puertorriqueño de Nueva York, 31
Diáspora: definición, 25-26; inclusión en plebiscitos, 87, 93-94; popularidad del legado taíno, 63-65; y reggaetón, 203
Díaz, Manny, 93
Díaz Alfaro, Abelardo, 182
Discurso antiinmigrante: en Estados Unidos, 147-56; en Puerto Rico, 130, 140-42
División de Migración, Departamento del Trabajo (Puerto Rico), 81, 83-84, 88
Dominicanos en Puerto Rico. *Véase* Migración dominicana a Puerto Rico
Duany, Consuelo, 15
Duany, Raúl, 17
Dulzaides, Raquel, 177

English Only (Estados Unidos), 151
Enseñanza del español en Puerto Rico, 57, 97-99. *Véase también* Bilingüismo; Lengua española
Enseñanza del inglés en Puerto Rico, 59-62. *Véase también* Bilingüismo; Lengua inglesa
Español. *Véase* Lengua española
Estado Libre Asociado de Puerto Rico: adopción del nacionalismo cultural, 64; apropiación del legado indígena, 63-64; defensores y críticos, 39; inscripción de votantes en Estados Unidos, 86-87; uso de la bandera, 30-31
Esteban, Jossie, 196
Estefan, Gloria, 196

Fayer, Joan, 40
Ferré, familia, 88
Ferré, Maurice, 93
Fiet, Lowell, 139

247

ÍNDICE ONOMÁSTICO Y TEMÁTICO

Filadelfia (comunidad puertorriqueña en), 21, 26, 78, 84, 89, 192
Flores, Juan, 203
Fritz, Sonia, 139
Fronteras, 27-29, 79, 87, 112, 148, 153, 157, 190, 203
Fruko y sus Tesos, 190
Fuerzas Armadas de Liberación Nacional, 95
Fundación Ford, 101

Galicia (España), 38-39
García, Santiago, 195
García Méndez, familia, 88
García Moreno, María de Jesús, 213
García Ramis, Magali, 21, 139, 145-46
Garreau, Joel, 28
Gershwin, George, 189
Gherovici, Patricia, 53-54
Girotti, Gianfranco, 216-17
Gisselle (cantante puertorriqueña), 92, 196, 197, 200
Godreau, Isar P., 211
González, Elián, 90
González, Velda, 202
González Nieves, Roberto, 49-51
Gore, Al, 93
Graduaciones de escuela superior, 186-88
Gregg, Richard, 225
Gringos, 60, 69, 98, 135, 145, 164, 208
Guardia Costera de Estados Unidos, 118, 125, 151
Guardia Nacional de Estados Unidos, 153
Guarnizo, Luis E., 131, 133
Guerra, Herminia (Minita), 163-65
Guerra, Juan Luis, 184, 196
Guevara, Beti, 157
Guetos, 127-28, 192
Guía de dominicanos en Puerto Rico, 130-33

Haitianos en República Dominicana, 126, 142-43
Hernández Colón, Rafael, 97
Hispanos. *Véase* Latinos en Estados Unidos
Hostos, Eugenio María de, 26
Humboldt Park (Chicago), 95, 157
Hunter, Duncan, 154
Huntington, Samuel P., 160-62

Identidad nacional: afirmación en Puerto Rico, 28-29, 31, 34, 39; ampliación de definición, 94, 99; de los puertorriqueños en Estados Unidos, 106-7; de Sonia Sotomayor, 73; enfoque sobre, 15-16; erosión de, 142 y el reggaetón, 203-4; y religiosidad popular, 49-51; y salsa, 194
Ideología del género: en competencias deportivas internacionales, 33; en concursos de belleza, 36; en el consumo, 228-30; en la migración de retorno, 98; en la música popular, 195-201; en las religiones fundamentalistas, 221; y la expresión emocional, 231-34; y los piropos, 236-37
Iglesia Católica, 49-51, 112, 149, 164, 181-82, 213-14, 216-18. *Véase también* Religiosidad popular
Iglesia Fundamentalista de Jesucristo de los Santos de los Últimos Días, 219-21
India, La (cantante puertorriqueña), 196
Inglés. *Véase* Lengua inglesa
Instituto de Cultura Puertorriqueña, 21, 64
Iturrondo, Milagros, 139

Jabaos, 23, 44, 210-12
Jeffs, Warren, 219
Jessica Cristina, 195-200
Jinchos, 14, 44, 60, 207-9, 224
Jocelyn y los Vecinos, 196
Johnson, Diana, 22, 165, 185, 236, 237
Johnson, Warden F., 163-65
Junta de Planificación de Puerto Rico, 77-78, 86, 98, 101

Kennedy, Edward, 150
Kennedy, John F., 147
Kerry, John, 93

Landrón, Eric, 222-24
Landstar Homes (Florida), 89
Latinos en Estados Unidos: definición, 103-10; impacto demográfico, 111-12; nombres, 113-15; relaciones entre diversos grupos, 90, 92, 104

Lavoe, Héctor, 189
Lazarus, Emma, 147
Lengua española: como símbolo de identidad nacional, 37, 94; dialectos, 205-6; en Estados Unidos, 92, 96, 160; en Puerto Rico, 55-62, 70-71, 140; jerga de jóvenes, 174, 177-78
Lengua inglesa: en Estados Unidos, 87, 92; en Puerto Rico, 40-41, 56, 58-62, 87, 98-99
León, Melina, 196, 197, 198, 200
Lewis-Fernández, Roberto, 52, 53
Ley de Ajuste Cubano (Estados Unidos), 119
Llanes, Rita, 223
López, Jennifer, 31, 112
López, Sonia, 196
Lupe, La, 196

Madonna, 197
Mahoney, Roger, 149
Malaret, Marisol, 36
Manos a la Obra, 80-81
Marshall, Wayne, 202
Martin, Ricky, 35, 112
Martínez, Jack Michael, 33
Martínez-San Miguel, Yolanda, 139
Martorell, Antonio, 223
Mayra Mayra, 196, 197
McCain, John, 150
Mercado, Pedro, 185
Merengue (música), 17, 72, 131, 190, 195-201, 203
Miami (comunidad puertorriqueña en), 21, 84, 88, 90, 91-93
Miami Herald, 88
Migración cubana a Estados Unidos, 90, 117, 120; crisis de los balseros, 118-19; enclave en Miami, 133, 161
Migración cubana a Puerto Rico: 16, 66-68, 77, 79, 116-17, 142, 164-65
Migración de retorno a Puerto Rico, 16, 28, 77-79, 97-99
Migración dominicana a Estados Unidos, 126, 131-33
Migración dominicana a Puerto Rico, 16, 28, 79, 205; de mujeres, 199; distribución ocupacional, 130; empresas, 129-34; envío de remesas, 100-1, 133; migración indocumentada, 124-26, 145-46; patrones de asentamiento en San Juan, 127-28; prejuicio contra, 129-30, 135-44, 199, 200; tendencias recientes, 124-26, 138-39; trasfondo histórico, 125
Migración indocumentada a Estados Unidos, 118-19, 148-60
Migración indocumentada a Puerto Rico, 135-37. *Véase también* Migración dominicana a Puerto Rico
Migración mexicana a Estados Unidos, 28, 83-84, 108, 135, 156, 160-62. *Véase también* Migración indocumentada a Estados Unidos
Migración puertorriqueña a Estados Unidos: estadísticas, 29, 77-79, 83-84, 90-92, 105; Programa de Trabajadores Agrícolas, 78, 83-85, 88-89; según Roberto González Nieves, 50; uso del inglés, 87; y el caso de Sonia Sotomayor, 72-74; y la salsa, 192-94
Migración puertorriqueña a República Dominicana, 81, 123, 124
Milly y los Vecinos, 199
Mintz, Sidney W., 214
Miss Universo, 35-36
Morenos, 44, 47, 48, 209, 211
Morris, Nancy, 181
Movimiento de Paz para Vieques, 49, 93
Movimiento independentista. *Véase* Nacionalismo político
Muñoz, Humberto, 185
Muro entre Estados Unidos y México, 136, 148-9, 153-56
Museo de Arte de Puerto Rico, 231
Museo de Historia, Antropología y Arte (Universidad de Puerto Rico), 64
Museo de la Mujer y el Hombre Negro, 64
Museo de las Américas, 64
Museo de Nuestra Raíz Africana, 64
Museo Nacional de Bellas Artes (Cuba), 70

Nación: definición, 24, 29, 50, 69-71, 77, 94
Nación en vaivén, 16, 77-79, 85
Nacionalismo a larga distancia, 26

249

ÍNDICE ONOMÁSTICO Y TEMÁTICO

Nacionalismo banal, 32-33
Nacionalismo cultural: deportivo, 32-34, 66; en Galicia, 38-39; en Puerto Rico, 16, 50, 63-64, 77, 87, 204; de los puertorriqueños en Estados Unidos, 31
Nacionalismo político: en Chicago, 95-96; en Puerto Rico, 30, 31, 50, 87, 173
Navidades en Puerto Rico, 37, 180-83
Negociado de Empleo y Migración (Puerto Rico), 81
Nine Curt, Carmen Judith, 22
Nora (cantante japonesa), 196
Nueva York (comunidad puertorriqueña en), 16, 65, 78, 86-87, 89, 91, 103, 123, 192-94
Nuyoricans: definición, 73; en el rap y el reggaetón, 203; relación con el legado taíno, 65; relaciones con puertorriqueños de la Isla, 91, 97, 98; y el uso del inglés, 58

Obama, Barack, 44, 93, 211
Orlando (Florida) (comunidad puertorriqueña en), 16, 88-94
Orquesta de la Luz, 190, 196
Osorio, Pepón, 231-32
L'Osservatore Romano, 216, 217

Pacheco, Johnny, 189
Pacini Hernández, Deborah, 202
Padilla, Heberto, 68
Papa Benedictino XVI, 213, 216
Papa Gregorio I, 216
Papa Juan Pablo II, 217
Párraga, Victoria, 55
Partido Demócrata (Estados Unidos), 93, 148, 150
Partido Independentista Puertorriqueño, 31
Partido Nuevo Progresista, 31, 81
Partido Popular Democrático, 31, 80
Partido Republicano (Estados Unidos), 93, 148, 150, 154
Paseo Boricua de Chicago, 26, 95-96
Patrulla Fronteriza de Estados Unidos, 125, 136, 149, 151
Pedraza, Silvia, 111
Peña, Vinicio, 132
Pequeña Habana, La, 90, 91, 104
Pérez, Gina M., 98

Período Especial en Tiempos de Paz (Cuba), 120-21
Pew Hispanic Center, 151
Piñero, Ignacio, 189
Ponce, Carlos, 92
Portes, Alejandro, 131, 133
Protestantismo, 17, 50, 109, 114, 147, 160-62, 213-15
Proyecto H.R. 4437 (Cámara de Representantes de Estados Unidos), 148-51
Proyecto S. 261 (Senado de Estados Unidos), 150-51
Puertorriqueños en Estados Unidos. *Véase* Chicago; Filadelfia; Migración puertorriqueña a Estados Unidos; Miami; Nueva York; *Nuyoricans*; Orlando

Quebec, 38-39, 161
Quesada, Jocelyn, 196
Quesada, Millie, 196
Quintero Herencia, Juan Carlos, 139
Quiñones, Denise, 36

Racismo, 36, 56, 96, 109, 126, 128, 143, 147
Radicalismo puertorriqueño. *Véase* Nacionalismo político
Ramírez de Arellano, familia, 88
Ramos Escobar, José Luis, 139
Ramos-Zayas, Ana Yolanda, 95-96
Rap, 96, 190, 200, 203
Raza: definición en Estados Unidos, 44-45, 103-5, 109; definición en Puerto Rico, 43-48, 207-12; mestizaje, 21, 22, 43, 47, 183, 211
Reforma migratoria en Estados Unidos. *Véase* Migración indocumentada a Estados Unidos
Reggaetón, 17, 21, 178, 202-4, 205
Religiosidad popular: en Estados Unidos, 160-61, 219-21; en Puerto Rico: 50-51, 181, 213-15; influencia en la nomenclatura, 40
Remesas, 25, 84, 86, 100-2, 119, 120, 121, 132-33
Revolución Cubana, 16, 67, 116, 120, 164
Ríos, Palmira, 139-40
Rivera, Ingrid Marie, 36
Rivera, Raquel Z., 202

ÍNDICE ONOMÁSTICO Y TEMÁTICO

Rivera, Zuleyka, 36
Rockeros, 13, 191, 194
Roig, familia, 88
Rojo, Julio, 185
Romero, Deddie, 196
Romney, Mitt, 154
Rosenblat, Ángel, 56
Rosselló, Pedro, 45, 223

Salsa (música), 13, 17, 21, 37, 189-94, 196, 200, 203
Sánchez, Luis Rafael, 140, 194
Sánchez, Roselyn, 31
Sánchez Walker, Noelia, 213
Santa Claus, 13-14, 180, 182-83
Santana (músico mexicano), 112
Santos, Primitivo, 196
Santos de Álvarez, Brunilda (Wiwa), 177
Sección 936 del Código de Rentas Internas (Estados Unidos), 79
Senado de Estados Unidos, 72-73, 150-51, 154
Sensenbrenner, James, 148, 149, 150
Séptimo Festival del Plátano (Miami), 21
Serrallés, familia, 88
Servicio de Inmigración y Naturalización de Estados Unidos, 125, 146
Shakira (cantante colombiana), 41, 112
Siegel, Morris, 213
Silva, Mirta, 196
Simpson, O.J., 44
Síndrome puertorriqueño, 52-54
Skármeta, Antonio, 223
Smith, Joseph, 219
Sotomayor, Celina, 73
Sotomayor, Juan Luis, 73

Sotomayor, Sonia, 72-73
Spanglish, 28, 96. *Véase también* Bilingüismo
Specter, Alan, 150
Spice Girls, 197
Status político de Puerto Rico, 14, 30, 38-39, 46, 50, 87, 93, 142, 146
Superpoblación, 80-82, 141

Taínos, 14, 57, 63-65
Tancredo, Tom, 154
Tañón, Olga, 92, 196-97
Tigres del Norte, Los, 156
Toro-Morn, Maura, 157
Torres, Dayanara, 36
Torres, Sandra, 196
Transnacionalismo, 15-17, 28, 79, 86, 105, 123, 161, 203
Tres Reyes Magos, 180-83
Trevi, Gloria, 197
Tribunal Supremo de Estados Unidos, 72-73, 158
Trigueños, 44, 47, 48, 209
Trinidad, Félix "Tito", 35
Trujillo, Rafael Leonidas, 122, 123

van Gennep, Arnold, 186
Vega, Ana Lydia, 139
Ventura, Johnny, 196

WASPs, 73. *Véase también* Anglos
Williams, Vanessa, 44

Yager, Arthur, 81
Young, Brigham, 219
Young Lords, 95

Xenofobia, 111, 130, 143-44, 147. *Véase también* Discurso antiinmigrante

251